HR THREE-PILLAR MODE

THE HR TRANSFORMATION
AND BEST PRACTICES IN CHINESE ENTERPRISES

HR+三支柱

人力资源管理转型升级与实践创新

马海刚　彭剑锋　西　楠◎著

中国人民大学出版社
·北　京·

前言
HR THREE-PILLAR MODE

HR 三支柱（人力资源三支柱）模式，是 IBM 基于人力资源管理大师戴维·尤里奇的思想，结合自身的人力资源转型实践提出的。以三支柱为支撑的人力资源体系源于公司战略，服务于公司业务，其核心理念是通过组织能力再造，让 HR 更好地为组织创造价值。

HR 三支柱模式自提出以来，在中国企业中得到了广泛的实践与应用。然而，HR 三支柱模式诞生在讲理性、重事实、轻关系、弱互惠的西方世界，在中国这种重关系、重情感的文化背景下，企业实施三支柱出现了“水土不服”的问题。此外，随着近几年“互联网＋”理念的出现，移动互联网、大数据、平台化组织、共享经济等成为新的常识，颠覆了人们的固有认知，这些时代变化给当前中国企业构建 HR 三支柱带来了新的挑战。只有主动求变，大胆创新，HR 三支柱才能在中国企业中存活和发展，创造更大的实践价值和理论价值。

结合前沿的理论观点，以及华为、腾讯、阿里巴巴等中国企业在 HR 三支柱方面的转型升级与实践创新，我们对 HR 三支柱模式进行了视角扩展、平台支撑、厘清对象、文化融合等方面的升级，提出了中国企业 HR 三支柱模式（见图 1）。

此升级模式延续了我们在管理实践和学术研究[①]中提出的将共享服务中心（SSC）升级为共享交付中心（SDC）的观点，而升级的精髓是端到端的交付意识和产品经理思维。端到端的交付是指从用户需求端来，到满足用户需求端去，始终以用户需求为中心，用交付彰显 HR 价值。产品经理思维强调识别、区分 HR 的客户/用户，针对其痛点打造 HR 产品，并打磨到极致，用产品黏住用户。

这两种观点不是笔者凭空想象的，而是分别来自华为和腾讯的管理理念和实践精髓。华为是一家锁定客户需求建立平台，并为客户提供端到端整体解决方案的公司。腾讯是一家锁定用户体验建立高黏性平台，并为用户不断打造一站式互联网在线生活生态的公司。这两家公司在面对新的市场环境、新的客户需求时所体现出的危机意识与主动求变精神惊人地相似，这应该是根植于企业家精神中、融化在企业文化里的一种不断进行自我革命、推动组织再造的一种能力。“不谋全局者不足以谋一域，不谋万世者不足以谋一时”，企业都在不断地自我革新，人力资源管理作为企业管理中最有挖掘潜

① 马海刚．移动互联网时代腾讯 HR SDC 的新生态．中国人力资源开发，2015（18）：6-10.

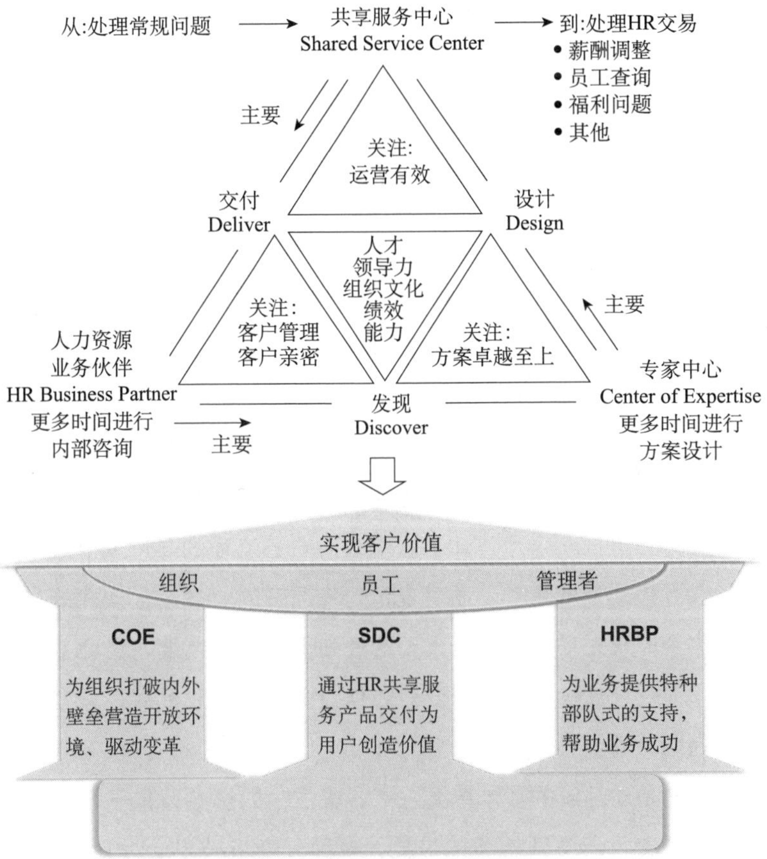

图 1　HR 三支柱模式的升级

注：COE 为专家中心（Center of Expertise）的英文缩写。SDC 为共享交付中心（Shared Deliver Center）的英文缩写。HRBP 为人力资源业务伙伴（HR Business Partner）的英文缩写。

力的工作，更需要进行持续的管理创新与变革。人力资源管理不仅涉及公司与高层管理者这样的客户，还涉及企业内所有员工这样的客户，持续管理变革的目标就是对这些客户进行深入洞察，实现高效的管理运作，确保端到端的优质管理与服务的交付。

2000—2005年，我曾在华为人力资源的多个岗位履职，2008年，我开始了在腾讯的职业生涯，因此有幸亲身经历了这两家伟大企业的快速发展。

共享交付思想来自华为端到端的深度影响

经历了华为如火如荼的大建设阶段，尤其是深受IPD集成产品开发这类端到端的工程交付思想的影响，我开始不断地思索人力资源如何在不同阶段为企业提供合适的整体解决方案，助力企业持续成功。

华为的业务非常重视端到端的交付意识。端到端是指从客户需求端出发，到满足客户需求端去，为客户提供端到端的服务。端到端的输入端是市场，输出端也是市场。端到端必须非常敏捷、有效。既然要打造这样一个运作体系，那么对业务流程的再造就变成不可或缺和顺理成章的事项。通过变革，将原有的业务运作模式转变为满足当今时代对质量、服务、灵活性和低成本的需要，为此业务流程亟须简化，这种简化的需要对如何设计业务流程和如何设置组织架构有四点重大影响。

首先是对组织的基本单元——“职位”的影响，基于职能设置的职位概念将无法适应新的需要，多种职位将被组合为一种职位，由一个负责全流程的项目责任人或是项目负责小组承担，该责任人或小组应掌握处理有关问题所需的多种技能，并在其管辖范围内拥有决定权。将作出决定和实际执行结合在一起，可以减少延误，降低管理费用，大幅提升对客户的反应速度。

其次是打破业务流程中按部就班的思维方式，摆脱严格的线性工作方式，利用运筹学原理，对流程实行非线性管理，使多种工作得以同时开展。这样，流程中步骤间的衔接时间缩短了，从而减少了工作中的无效等待，并克服了低效沟通的弊端。另外，根据目前市场多样化和不断变化的特点，组织需要使统一的流程具有多变的形式，既要考虑使每种变化形式满足不同的市场需求，又要能够产生规模经济。每种变化形式只需要处理适合它处理的事项，因而简化了流程，也避免了特殊事项和例外事件的频繁发生。这种情况下，业务流程与组织架构两者之间的关系会与以往大相径庭，打破组织结构界限安排工作，突出端到端的执行思路，让组织向市场化、网络化模式发展，突出体现流程性组织的服务好、质量好、价格低和优先满足客户需求的目标。

再次，对于管理过程中的检查点和控制点，要做到关键控制点前移，以此来重新设计检查工作的流程，对关键控制点及评审点进行整体检查，最大限度地减少非增值的检查和控制工作，这样的流程安排能有效地提升交付质量、驱动目标达成。

最后，一个企业要想成为端到端的解决方案提供商，最大的考验是软实力。即要实现工作单位由职能部门领导型向流程执行小组领导型转变，对员工的要求从简单的任务向多方面的工作转变，员工晋升的标准从看工作成绩向看工作能力转变，管理人员的角色从监工向教练转变，企业价值观从维护保守型向开拓进攻型转变。也就是说，企业在变革过程中，要对软实力的培养给予全面引导，做到业务流程、工作职位和组织结构、管理和评价制度及企业价值观和信念几个方面配套均衡。这可为企业锁定客户、建立平台，并为客户提供端到端整体解决方案的战略转型提供保障。而在整个过程中，人力资源管理将发挥非常重要的助力和牵引作用。

产品经理思维是腾讯成功的精髓，亦是人力资源管理新元素

腾讯作为以产品制胜的大型互联网公司，其产品经理思维起到了关键作用。腾讯的变革驱动力，首先来自对用户需求的灵敏觉察，其次才是既定的战略规划、管理优化。

以 2012 年腾讯对无线部门的重大组织结构调整为例。以前，QQ、游戏等业务的 PC 端和移动端是分离的，用户主要在 PC 端，各业务部门将大量精力放在 PC 端产品的研发创新上。在 2012 年以前，手机厂商和移动运营商对互联网公司有强大的市场控制力，腾讯手机客户端的产品只要符合手机厂商和运营商的利益就能生存和发展。在这样的时代背景下，QQ、游戏产品的移动端统一由“老无线”（移动互联网事业群的前身）部门开发、运营。随着智能手机用户数量井喷式增长和第三代移动通信技术的普及，腾讯敏锐地发现：一些能满足用户即时通信、省时省钱等需求的产品，即便没有运营商、手机厂商的运作，也能迅速引爆市场。腾讯充分意识到移动互联网对用户的价值，以及立足用户使用手机时的痛点重新对社交、娱乐、办公等手机软件进行开发的紧迫性。腾讯对专门负责 QQ、游戏、QQ 音乐、腾讯网等各大产品移动端的“老无线”部门进行业务重组，如将手机 QQ 业务及人才调至社交网络事业群，手机游戏对外合作业务及人才调至互动娱乐事业群，让腾讯的各大产品全面接纳、适应、主动创造移动互联网时代客户的新需求，在移动互联网的大潮中爆发出更大的能量。

腾讯产品经理思维最突出的特点就是以用户为中心，从用户的角度出发，挖掘用户最深层次的需求，创造超出用户预期的产品体验。产品经理思维让业务负责人格外关注用户体验。像普通用户一样，业务负责人每天都大量使用每一款产品，并提出苛刻的改进意见。腾讯还有个“10/100/1 000 法则”，即每月做 10 个用户调研，关注 100 个用户博客，收集反馈 1 000 个用户体验。这些做法让腾讯比用户还懂用户。

共享交付中心（SDC）注重将 HR 服务产品化，这一理念来自腾讯的产品经理思维。传统的人力资源工作多由例行工作和项目工作组成。例行工作是按照惯例办理日常事务，其作用是维持工作运转。产品可能从运作成熟的例行工作中产生，HR 将这一功能做到极致，解决员工、管理者在某个人力资源管理方面的需求。项目有明确的目标或目的，在特定的时间、预算、资源限定下依据规范完成。然而项目到期，HR 的工作也相应结束。至于人力资源项目尚未实现的功能、待商榷的制度、有待完善的流程，将无人问津。如果用产品经理思维做 HR，人力资源产品就有了生命周期，而且人力资源产品永远只有 Beta 版，要通过快速的升级来持续不断地解决员工、管理者的痛点，为客户/用户创造价值。

用产品经理思维做 HR 还体现在人力资源管理更聚焦服务的对象。SDC 的价值主张可概括为“三心一益”，即用户贴心、客户放心、交付用心，获得效益。腾讯人力资源管理强调客户与用户的不同，提出了“左手客户、右手用户”的理念。客户主要指组织、高层管理者、COE 和 HRBP 等，而用户则是指组织的所有员工和管理者。通过协调左右手资源分配，达到部门的整体协同发展。对于客户，强调 SDC 的服务要可靠、给力、值得信赖；对于用户，即 SDC 平台的直接使用者，强调的则是用户属性，需要平台做到便捷度高、体验好、满意度高。同时，SDC 在交付服务时应以热情、高效、专业作为衡量标准，最大化地满足客户、用户的需求。

将产品经理思维运用于腾讯人力资源管理一般分为三个步骤：首先，通过对 COE、HRBP、员工、管理者等角色的研究，精准定位他们的需求。其次，用产品的思维为每类角色打造、打磨优质的 HR 产品，从孵化运营到灰度运营再到成熟运营，不断对产品进行迭代与创新。最后是增值运营。通过建立分层交付模型，更高效地解决基础性事务，将更多的人力、物力投放到战略性工作中，为客户、用户创造更高附加值。

HR 三支柱随时代迅速演变与迭代，是业界始料未及的，但前景光明。碎片式的文章或演讲稿很难详细地呈现人力资源管理界的转型升级与实践创新。越来越多的企业希望在企业中引入 HR 三支柱，但却担心舶来品可能导致的各种“水土不服”；HR 从业者和 HR 专业的大学生群体日益壮大，学习成长的欲望非常强烈，但却不了解中国成功企业当下所思所想，也不清楚他们对人力资源工作的实践与创新；HR 三支柱的成功经验在中国企业界日益丰富，我们的客户对 HR 三支柱理念、实施等方面有诸多的知识渴求与变革需求，这些都激励我们最终完成本书。

本书共 10 章，分别讲述 HR 三支柱模式的过去、现在和未来。第 1～2 章讲述了 HR 三支柱在 HR 面临危机时诞生。第 3～4 章介绍了 HR 三支柱引入中国产生的“水土不服”与优秀企业的破局。第 5 章总括提出中国企业 HR 三支柱模型。第 6～8 章分别讨论如何构建三个 HR 支柱，即 COE、HRBP 和 SDC。第 9～10 章洞见 HR 三支柱的未来挑战，并展望人力资源管理新趋势。

本书中的很多观点和实践可能并不十分完善和成熟，但我们仍然希望把它们总结出来，作为对 HR 三支柱理论和实践的沉淀，并希望它能给读者带来一些借鉴和启发，让 HR 三支柱这个舶来品在中国发挥更大的作用。对于书中存在的问题和疏漏，恳请读者批评指正，因为这样的论辩更能激发出人力资源管理在实践中的真正价值。

只有在各类企业的 HR 从业者、HR 第三方服务机构、HR 领域的专家学者以及当下真正认清人力资源管理价值的企业家之间形成共创共享、共同繁荣的生态，才能提升中国人力资源专业能力，才能在企业的中国特色管理升级中让人力资源管理起到应有的作用。

目录

HR THREE-PILLAR MODE

第九章

中国企业推行 HR 三支柱变革的挑战

第十章

HR 三支柱与人力资源管理新趋势

第一章

人力资源管理界的躁动与不安

HR THREE-PILLAR MODE

THE HR TRANSFORMATION
AND BEST PRACTICES IN CHINESE ENTERPRISES

1996年，托马斯·斯图尔特（Thomas Stewart）在《财富》杂志上提出“炸掉人力资源部”，此番言论引发了人力资源实务界、学术界的广泛研讨。时隔9年，即2005年，基思·哈蒙兹（Keith H. Hammonds）在《快公司》上论述了“我们为什么恨HR”。再隔9年，即2014年，管理咨询领域的巨头拉姆·查兰（Lahm Charan）发出了“分拆人力资源部”的呼声。

对人力资源管理9年一次的拷问意味深长。古语云：“天地之至数，始于一，终于九焉。”“九”在《易经》中为阳之极端，代表了“至尊”“高深”。事物的发展是螺旋式的，到“九”了，就进入下一个周期，也就是九九归一。逢“九”论道和尖锐的批判，让人力资源管理界不断自省、自我超越、螺旋式发展。通过这几次论战，人力资源管理实现了从职能化人力资源管理，到战略人力资源管理，再到人力资本价值增值管理三个阶段的蜕变。

真的要和人力资源部说再见了吗？

斯图尔特：人力资源职能模块皆应外包

1996年，托马斯·斯图尔特（后来担任《哈佛商业评论》总编）向人力资源职能发难。斯图尔特在世界著名的财经杂志《财富》上，用近乎“刻薄”的笔调，撰文称“炸掉人力资源部”。他在文章中称人力资源部为官僚机构，毫无客户导向的服务意识。他认为，在高度自动化系统的协助下，人力资源职能的大部分将被外包。

他向业界提出，人力资源职能模块，如员工服务（退休咨询、离职后新工作介绍、重新安置），信息系统与运营，培训，甚至绩效管理、薪酬福利设计等都具有外包潜力。这样做可以为企业节约成本，同时减少责任、规避风险。

哈蒙兹：人力资源从业者的“四宗罪”

2005 年，基思·哈蒙兹在《快公司》杂志上撰文，向人力资源从业者发难。《快公司》是美国最具影响力的商业杂志之一，哈蒙兹的这篇文章产生了与斯图尔特的文章同样大的反响，观点被很多学者引用。他在文章中将 HR（人力资源）丑化为一股黑暗的官僚主义力量，称其只会盲目地实施在员工看来荒谬的政策制度。此外，HR 拒绝创新，对于员工提出的建设性的变革意见，HR 往往起着阻碍的作用。他进一步陈述了人力资源从业者的“四宗罪”。

罪行一：人力资源从业者论天资不是公司中最聪敏的人

最优秀、最聪明的人都不进入人力资源行业。那么现在的人力资源从业者都是一些什么样的人呢？哈蒙兹说，现在的人力资源从业者有两类人：一是适应不了公司业务节奏，从主流业务中退下来的人。他们的特征是在公司各种业务岗位上表现不佳，但又没到非开除不可的程度，人力资源部就成了一个低风险的避风港。二是励志做与人打交道的工作，希望在职场中做一个帮助他人的人。这类人从事 HR 工作后的感受是理想很丰满，现实很骨感。如果再给他一次选择的机会，他也许会去当一个社会活动家。总之，“最优秀、最聪明的人都不进入人力资源行业”这句话侧面表达了员工“恨”HR 的原因，为什么要让不如我聪明的人对我的工作指手画脚呢?

罪行二：人力资源从业者追求效率大过创造价值

“为什么人力资源从业者热衷于追求效率呢? 因为相比创造价值，追求效率更容易一些。”哈蒙兹如是说。他还引用戴维·尤里奇（David Ulrich）的观点，HR 总是在强调做了什么，而非关注所做的工作到底创造了什么成果，产生了何种效果。而且，人力资源创造价值也不能仅仅局限于服务员工和直线经理，投资人、顾客等企业的利益相关者都应是 HR 服务的对象。

罪行三：人力资源从业者代表企业的利益在工作

HR 每年乐此不疲地进行员工绩效考核，你真以为他们这样做是为了你，为了企业的广大员工? 哈蒙兹揭露，企业进行绩效考核实质是为了保护自己免受员工的“指控”。HR 就像在搜集证据一样，当员工对绩效考核结果和薪酬产生疑问前来对质时，HR 拿出考核文档对员工说：“我早就在这个文档中说过你的问题，白纸黑字，不信你看!”

HR 一味地在复杂的组织中、差异化的员工个性下追求标准化和统一化，经常墨守成规地对有诉求的员工说“不”。这样看，HR 确实为企业带来了短期成本节约与效率提升，但却是以牺牲长期价值为代价。

罪行四：人力资源从业者经常隔岸观火

人力资源从业者总是坐在角落，将自己置身事外，并关注着自己的利益。难怪研讨和制定决策的办公室里没有 HR 的席位。人力资源从业者必须站出来主动承担责任，身临其境去了解业务的实际问题，而不是等待业务领导来找其帮忙。如果人力资源从业者已经失去了核心办公室的席位，为何不努力发现问题，主动地将业务相关人员聚在一起，共商问题的解决方案呢？

拉姆·查兰：是时候和人力资源部说再见了

2014 年，拉姆·查兰向人力资源高层管理者发难，他在《哈佛商业评论》上撰文《是时候拆掉人力资源部了》。他在文中陈述，这不是他自己拍脑袋想出来的，而是来自众多 500 强企业 CEO（首席执行官）的呼声，公司的 CHRO（首席人才官）总是令 CEO 失望。

拉姆·查兰说："CHRO 多数是以流程为导向的通才。"这句话既概括了 CHRO 普遍熟知薪酬福利和员工关系等职能工作，专注于参与、授权和文化管理等内部事务，也侧面点出了 CHRO 缺乏专家属性、战略属性。那么拉姆·查兰所期待的 CHRO 是什么样的呢？在他看来，CHRO 是能将人力资源管理真正与商业需求结合起来的人。

根据他的咨询经验，大型企业中科班出身的人力资源管理者，多数不了解关键决策是如何制定的，分析不出员工或整个组织为何没有达到绩效目标。他进而提出：CHRO 拥有销售、服务、制造或财务等工作经历，是胜任 CHRO 岗位的关键。

以为企业提供系统咨询方案著称的拉姆·查兰给 CEO 开出药方，将人力资源部一分为二，其中一部分为行政人力资源部

(HR-A)，主管薪酬福利。但与以往不同的是，这部分工作要实现向 CFO（首席财务官）汇报。另一部分为领导力与组织人力资源部（HR-LO），主要负责组织能力建设，目的是激发组织活力、提升管理者的领导力、提高员工的业务能力。这部分工作直接向 CEO 汇报。

托马斯·斯图尔特、基思·哈蒙兹、拉姆·查兰等人从人力资源职能、人力资源行业有效性、人力资源高层管理者等方面对人力资源管理进行了全方位的批判，而且这种批判还在持续。作为人力资源行业的从业者，你是否感到失落、沮丧，认为所从事的职业真的会被外包、被自动化系统所取代？人力资源从业者是时候考虑转行了吗？人力资源部真的难逃被分拆或拆掉的命运吗？

传统人力资源管理的困境

传统的人力资源管理所面临的困境可以概括为："上"不能支撑战略，"下"与业务体系脱节，"左"无法正确面对员工，"右"无法服务于内部客户。

HR 难以为战略制定提供有价值的洞察

人力资源部、财务部、法务部同为职能部门，但命运竟然有那么大的差别。法务部门可以从全球化的角度为企业的并购、海外上市、产品境外风险控制等战略扫除障碍。财务部门可以从量化的角度为企业提供现状诊断和前景预判。IBM 的 HR 高级副总裁兰迪·麦克唐纳（Randy MacDonald）曾反思，虽然 IBM 自 20 世纪 90 年代实施了一系列引领性的人力资源管理变革，但其 CEO 并未因此更愿意倾听来自人力资源部方面的意见。CEO 始终乐于从分析问题更量化的 CFO（首席财务官）那里寻找战略选择的依据。

人力资源部难道真的无法为企业战略提供有价值的洞察吗？当然不是，戴维·尤里奇认为，人力资源部也可以在战略制定方面大有作为。他从个人能力、组织能力两大维度展开，个人能力强调发现和培养人才，组织能力强调团队协作和思想统一。由此，他提出人力资源部为组织创造价值的关键在于：人才、文化和领导力（见图 1—1）。

图 1—1　人力资源部的价值创造

现实情况是，传统的人力资源管理强调招聘、培训、绩效等职能，缺乏流程迭代、文化变革、组织活力提升、领导力开发等方面的知识和经验积累。传统的人力资源管理对战略制定仅起到有限的支撑作用，有的甚至与企业战略“两张皮”，徒增企业内耗。

HR 与业务体系脱节

传统的人力资源管理者可以用“两耳不闻窗外事，一心只读圣贤书”来形容。设想这样一个场景，人力资源管理者们此时正坐在总部大楼的办公室内，忙碌地讨论和制定业务部门的人事考核政策。然而在执行政策的业务部门看来，HR 根本不了解业务，他们制定的政策往往基于过去经验，而不是将来的发展需要，因而不贴合实际，再辛苦也是添乱。HR 在思考机制、制定政策或建立流程时，通常会陷入自身的专业深井中，把工具和方法论用到极致，却容易忽视产出的结果是否匹配业务部门的需求。

传统人力资源管理即使进入战略人力资源管理阶段，也只是从传统的招聘、培训、绩效等方面转向战略与文化层面，核心的人力资源政策制定过程依旧是从自身的专业角度提出。如果非要说有什么变化，那就是人力资源部的政策戴上了与战略联结的帽子，因而更具权威性、强制性，业务部门执行时依旧认为政策缺乏对业务的理解和灵活性。

如果人力资源部把战略看作一面镜子，在战略的镜子面前，HR 通常会从自己专业的角度对业务提出建议，这样看似合理但仍难以摆脱 HR 与业务体系脱节的问题。当大家“由外而内”地审视人力资源管理时，战略不仅是一面镜子，更是一扇窗户。通过战略的窗口可以看到 HR 的“客户”，特别是业务部门的员工、管理者。这是一种观念上的颠覆，HR 要透过窗户，实际看到业务。HR 要根据业务重塑人力资源管理，要能够确保 HR 的能力和业务需要相匹配、确保 HR 所做的工作和业务结构相一致。

HR 陷于事务性工作，效能低下

招聘经理 40%的时间会想招什么样的人，60%的时间用于行政事务工作。腾讯几年前做了一个招聘经理工作内容统计，一名招聘经理最大的价值是找到人才，跟用人部门沟通和权衡，找到吸引人才的方式方法。但是我们发现招聘经理在这些发挥最大价值的事情上所投入的精力还不到 50%，他的其他精力都投到哪儿了？都投到与有价值的事情关系不大却必须做的事情上了，也就是事务性工作。当 HR 陷入无休止的事务性工作，根本无法将精力聚焦在能产生价值的事情上时，整体效能自然低下。

HR 三支柱重新定义人力资源部

以戴维·尤里奇为代表的一批学者和人力资源从业者，在面对专家、学者对人力资源管理的批判时，冷静地反思，用理论、实践为人力资源管理的价值辩护，让高层管理者重新审视 HR 扮演的角色，重构人力资源部门的架构，让人力资源从业者重拾专业自信。尤里奇 20 年来的观点系统性地重新定义了 HR 的理论体系，包括重新定义 HR 理念，重新定义人力资源角色与胜任素质。这些理论在世界 500 强企业中生根发芽，不断更新。特别是在 2007 年，人力资源角色理论在组织架构层面出现了新的突破，实现了人力资源组织架构的重构。在近 10 年的大型跨国公司实践中，这种重新定义的人力资源模式很好地从战略、业务、员工的角度支撑了公司业务的高速发展。

从结果出发重新定义人力资源部理念

戴维·尤里奇认为：要不要炸掉人力资源部，不是一个好的问题。一个好的问题一定是有价值的，好问题本身及答案对解决问题是有建设性意义的，可以引领人们跨越理想与现实之间的鸿沟。尤里奇认为，我们最应该思考的问题是：人力资源部该如何更好地创造价值？

人力资源部之所以饱受非议，与其将重心放在员工招聘、发放薪资等职能工作的过程上有关。也就是说人力资源部更关心“做了什么”。尤里奇认为，人力资源部需要重新定义其理念：人力资源管理的意义在于能够为企业创造多大价值，为客户、投资人和员工等利益相关者提供多大价值。因而，人力资源部要从关心“做了什么”转向关心“取得了什么效果”，工作重心应从过去的过程导向转变为结果导向，即我的工作带来的产出是什么，我为企业创造了什么。

四角色模型：重新定义人力资源角色与胜任素质

斯图尔特主要将火力集中在人力资源部及其职能，人力资源从业者虽然感到不平、不悦，但至少这些指责还不是针对他们个人的。哈蒙兹的指责可就让人力资源从业者没那么好受了，他对

HR 的专业性发起挑战，认为人力资源从业者关注效率大过关注产出，不了解业务还对业务指手画脚，代表企业的利益，保护企业免受员工的“指控”。

尤里奇认为，HR 要想更好地创造价值应该扮演好四大角色：战略伙伴、效率专家、变革先锋和员工后盾（见图 1—2）。四个角色既需要 HR 自身提高角色背后的胜任素质，也需要高层的推动。

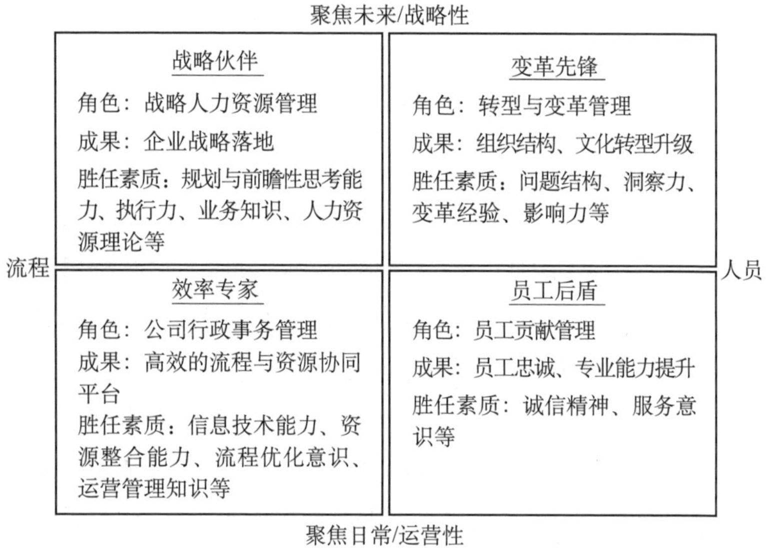

图 1—2　四角色模型

角色一：战略伙伴。人力资源管理要成为战略落地过程中的合作伙伴，通过引导和推动圆桌讨论，让管理者发现问题，协助高层管理者根据市场情况制订计划，而不是在会议室里闭门造车。实际上，角色的背后是对 HR 胜任素质的要求，各角色的胜任素质如图 1—2 所示。作为战略伙伴，HR 要提升规划与前瞻性思考能力、执行力，了解一定的业务知识，融会贯通人力资源理论等，为组织更好地提供组织架构设计、组织文化匹配、变革步骤方法等方面的建议和方案。

角色二：效率专家。效率专家一方面指 HR 要搭建资源优化配置的平台，实现内部流程协同，人才、知识资源的共享，从而降低成本，提高效率。该角色所需的胜任素质是信息技术能力、平台建构能力、资源整合能力。另一方面是指 HR 要成为人事服务的运营专家。运营通常是指研、产、销过程的管理，而人力资源运营管理是对人力资源服务性产品的研、产、销的过程管理。从“运营管理”变身为“运营专家”，对胜任素质的新要求是流程优化意识、质量管理知识、运营管理知识等，从而使 HR 能不断改进、优化服务流程，保证服务质量，降低运营成本，提升组织的效率。

角色三：变革先锋。HR 应该成为持续变革的推动者。变革涉及文化导向调整、建立高效能的团队、缩短创新周期、应用新技术等项目。HR 要通过流程重组和文化再造来增强公司的变革能力。作为变革先锋，HR 首先要有问题发现意识和洞察力，能够在纷繁的因素中找到管理问题的症结所在。其次，HR 要具有较强的逻辑思维。逻辑就是分类和排序，HR 要对多个变革项目按重要性和紧急性分类，并梳理合理的优先次序。HR 还应运用逻辑思维快速抓住问题本质、根源。再次，HR 要结合以往的变革经验，提供合适的变革模型及配套工具、方法，有效推动变革落地，积累变革经验。最后，HR 要始终以坚定的信念来消除人们对变革的种种疑虑和抵触，用对变革成功带来新机遇的欢呼驱散员工对变革的恐惧。

角色四：员工后盾。HR 应该在管理层会议上（而非所有场合）做员工的代言人，积极地向高层反映员工的顾虑和担忧，成为员工值得信赖的人，同时努力促进员工对公司多做贡献。HR通过向员工提供职业机会，对员工反映的特殊需求提供各种资源等服务，来提高员工的敬业度和满意度。员工没有了后顾之忧，自然积极投身于工作，甘愿为组织贡献自己的价值。

四角色模型早在1995年就被提出了，有了如此完善的解决方案，为什么10年后，也就是2005年，哈蒙兹还要向人力资源从业者发难呢？难道哈蒙兹没有读过尤里奇的理论？当然不是，哈蒙兹在自己的那篇“檄文”中还引用了尤里奇的观点，他很赞同尤里奇对于人力资源四角色和新的胜任素质的构想，但他同时指出，目前企业的人力资源从业者很少能真正做到尤里奇所说的那样。

HR三支柱重构人力资源组织架构

四角色模型虽然深入人心，但不同企业实践对四角色模型的理解不尽相同。规模越大的企业，对部门化、规范化的要求就越高。有些企业采取传统的HR部门＋SSC的管理模式，SSC（共享服务中心）要扮演效率专家的角色，传统HR部门的人就要进行角色补位，扮演战略伙伴、变革先锋、员工后盾等角色。

有些企业采取传统的HR部门＋HRBP的管理模式，HRBP（人力资源业务伙伴）要扮演战略伙伴、变革先锋等角色，传统HR部门也要具有战略伙伴意识，同时扮演员工后盾和效率专家等角色。

无论是哪种人力资源管理模式，四角色模型都很难与部门或岗位逐一对应，结果就是一个 HR 要同时扮演多重角色，变成了人力资源通才，而不是专才，这不利于四角色的专业化发展。

尤里奇 1997 年提出了对人力资源管理进行组织、流程再造，通过建立专家中心、共享服务中心和人力资源业务伙伴，来实现四角色模型在企业中落地的构想。IBM 基于这个理论构想，自 20 世纪 90 年代初开始探索适合四角色的人力资源组织架构，终于在哈蒙兹提出质疑的 2 年后，提出了 HR 三支柱模式（或称三角模式），如图 1—3 所示。他将人力资源部分为三个部分：专家中心、共享服务中心和人力资源业务伙伴。

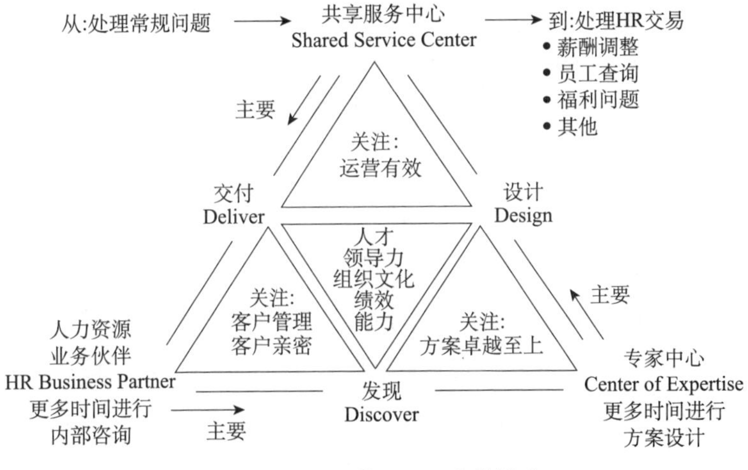

图 1—3 IBM 的 HR 三支柱模式

支柱一：专家中心（Center of Expertise，COE）。COE 可以用人力资源战略价值选择来概括，也就是说，COE 的核心价值在于服务高管和决策层，帮助他们制定正确的战略。

COE 的角色是领域专家，要通晓人力资源管理理论，掌握 HR 相关领域精深的专业技能，追踪、对标最优实践。COE 很好地回应了 HR 不承接战略，不能像市场部、财务部一样为战略制定提供有效建议。COE 服务的对象是公司管理层和 HRBP。服务管理层体现在 COE 参与公司战略制定，制定人力资源战略方面。总部 COE 负责设计全球/全集团统一的战略、政策、流程和方案的指导原则，而地域/业务线 COE 则负责结合地域/业务线的特点进行定制化，这样的 COE 设置可以实现在全公司一致的框架下，满足业务部门所需的灵活性。

支柱二：人力资源业务伙伴（Human Resource Business Partner，HRBP）。HRBP 可以用业务策略的选择来概括，也就是说，HRBP 利用自己所掌握的专业知识、经验，辅助一线业务负责人对组织、团队、人才进行管理。

HRBP 的角色是人力资源通才，要掌握 HR 各职能的专业技能，同时要了解所在部门的业务。如果说 COE 解决的是 HR “上”不能支撑战略的问题，那么 HRBP 解决的就是 HR “下”与业务体系脱节的问题。HRBP 服务的对象是业务部门，HRBP 协助业务领导进行组织管理、团队管理和人员管理。HRBP 不是被动地等待业务部门提出需求，而是主动地发挥灵敏洞察力，找到业务团队管理问题的症结，诊断业务发展过程中的 HR 诉求，综合运用 HR 专业方法论及工具，如分析人员需求、招聘计划、培训要求、绩效考核、薪酬激励等，提供特种部队式的精准支持，解决业务出现的问题，优化流程以适合业务部门，同时帮助业务部门各级领导干部培养和发展人力资源管理能力。

支柱三：共享服务中心（Shared Service Center，SSC）。SSC 可以用人力资源平台与服务的选择来概括，也就是说，SSC 为组织提供一体化、数据化、自助化的 HR 平台支撑。

平台的选择是指 SSC 为组织中的员工、管理者提供一体化、信息化、自助化的 HR 系统，从而实现平台化服务，实现规模经济。服务的选择是指，一方面 SSC 是标准化服务的提供者，负责解答管理者和员工的问询，帮助 HRBP 和 COE 从事务性、重复性工作中解脱出来，并对内部客户的满意度和卓越运营负责。另一方面，SSC 还要研究员工需求，为员工提供定制化、可信赖的 HR 服务。

HR 三支柱与 HR 四角色的对应关系是什么呢？专家中心的 HR 负责战略价值选择，对应四角色中的战略伙伴、变革先锋。人力资源业务伙伴的 HR 是人力资源通才，对应四角色中的变革先锋、战略伙伴和员工后盾等多重角色。共享服务中心的 HR 负责平台和服务的选择，对应四角色中的效率专家和员工后盾。人力资源管理用 HR 三支柱模式很好地回应了哈蒙兹的挑战。

系统性地重新定义人力资源部

2014 年，拉姆·查兰大胆地为企业管理者所患的“人力资源病”开出药方——分拆人力资源部。具有辨别力、洞察力的学者、从业者早已从拉姆·查兰的观点及论据中找出了破绽。

中国人民大学的刘松博教授在接受期刊专访时总结了三点：第一，拉姆·查兰在标题中表达的是撤销人力资源部，而在正文中论述的却是分拆人力资源部，雷声大，雨点小，文不对题。第二，拉姆·查兰在论证绩优的人力资源管理者都有较长时间的非 HR 部门工作经历时，仅列举了通用电气（GE）的前 CHRO 比尔·康纳狄、达信公司（Marsh）的 CHRO 玛丽·安妮·埃利奥特（Mary Anne Elliott）等三个个案。而我们也可以举出诸多科班出身的 HR 同样能成为卓越的 CHRO 甚至 CEO，因此长时间非 HR 部门工作经历未必是 HR 的基本胜任素质。第三，拉姆·查兰将分拆后的主管薪酬福利的人力资源部门——HR-A 划归到财务部门，由 CFO 领导。然而汇报给 CFO 只是 HR 一厢情愿的事，财务部是否会买账呢？另外，人力资源部真的能将员工的薪酬福利交给视薪酬福利为成本而非核心资源的 CFO 吗？

面对拉姆·查兰对 CHRO 的挑战，尤里奇第一时间在《哈佛商业评论》上对查兰做出了回应。CHRO 的问题可能是人员自身能力不足，更可能是结构因素，即高层领导对 HR 的重视、支持程度影响着 HR 的价值创造。面对拉姆·查兰提出的分拆方案，尤里奇认为，首先，人力资源管理者为战略提供洞察、为业务创造价值不能简单地通过人力资源组织架构变革实现。其次，人力资源组织架构应该切合业务形成，而非出现一个世界通用的统一标准。尤里奇给出了建议，他的观点经过 20 年的发展已经系统化，并得到了充分的实践检验。他提出系统地重新定义人力资源管理，用由外而内的理念重新定义 HR 战略，用人才、领导力和文化重新界定 HR 产出，以员工、绩效、数据等创新人力资源职能，更新 HR 角色与胜任素质模型，针对多样化经营、矩阵式管理的大型组织，应用 HR 三支柱模式对人力资源组织架构进行重构。系统性地重新定义 HR，影响了绝大多数世界 500 强公司的人力资源实践。历史选择了重新定义 HR 这条路。

第二章

HR三支柱模式的西方求索

HR THREE-PILLAR MODE

THE HR TRANSFORMATION
AND BEST PRACTICES IN CHINESE ENTERPRISES

在人类发展的过程中，关于最佳的组织方式的思索始终没有停止过。组织与人类的发展就像连体婴儿一样，密不可分。回溯近百年管理思想的发展和管理实践的脉动，我们发现：实践官僚体制的福特公司，一度独霸一方。然而在 T 型车上的故步自封和臃肿的组织结构使福特给了竞争对手通用汽车一个跃进的机遇。斯隆在带领通用汽车蓬勃发展的过程中颠覆了机械式组织结构，创造了全新的分权经营＋集中管控的组织模式。架构在人的驱动下才有灵魂，由此德鲁克提出目标管理，用共同目标激励组织中的人……

这些历史有什么共同点？不仅都是由西方贡献，而且其中的智慧和实践都与组织方式息息相关。HR 三支柱也是一种人力资源管理的组织方式，它究竟是人力资源管理转型升级的理论先导，还是实践创新的探索先行？戴维·尤里奇最早提出四角色模型，为 HR 三支柱的模式和概念打下坚实基础。作为西方探路者的 IBM 在实践中提出 HR 三支柱模式，并以此重新定义人力资源部。其中有一些值得中国企业借鉴的地方。

HR 三支柱的历史溯源

在各类渠道中搜索有关 HR 三支柱的文献时，不乏大量对 HR 三支柱起源进行界定和阐述的文章。然而这些文章的观点和结论五花八门，非但没有答疑，反倒使读者更加困惑。这些文章的观点可以归纳为两类问题：一是 HR 三支柱模式究竟先有理论还是先有实践？二是 HR 三支柱是人力资源界的原创吗？下面我们就通过探讨 HR 三支柱的来源，回答这两类问题。

HR 三支柱以福特和 GE 的实践为开端

福特公司成立了世界上第一个共享服务中心，这是学术界公认的说法。20 世纪 80 年代初，企业的工资单首次实现信息化、自动化，信息技术开始重新定义管理工作，美国的福特公司在欧洲成立了世界上第一个共享服务中心，主要作用是借助信息化加强公司对财务的管控，提高运营效率，降低企业成本。同一时期，1984 年通用电气（GE）在北美建立并实施了当时叫作财务服务操作中心（FSO）的共享服务中心。对于作为 HR 三支柱之一的共享服务中心，福特和 GE 对其的实践与探索是广泛意义上 HR 三支柱模式的起源。

到了 20 世纪 80 年代后期，美国的杜邦和 DEC 公司（Digital Equipment Corporation）建立了财务共享服务中心。GE 在此阶段进一步建立了人力资源共享服务中心，成为共享服务中心在人力资源管理领域的最早探索者。在榜样的带动下，20 世纪 90 年代北美和欧洲的一些企业掀起了建立共享服务中心的热潮。人们耳熟能详的大企业如 IBM、微软、惠普都在本土建立了共享服务中心。值得一提的是，IBM 在 1992 年进行了人力资源共享服务中心的探索，并循着戴维·尤里奇 1995 年的思想，发展了 HR

三支柱模式。

由此可以得出两点结论：第一，实践是最伟大的导师，HR三支柱的起源广义上来说是美国的福特和GE的实践；第二，HR三支柱是跨界融合的产物，其中的人力资源共享服务中心理念源自财务共享服务中心。

戴维·尤里奇对HR三支柱理论的贡献

理论出自实践还是实践源自理论？这是一个哲学问题，就像是鸡生蛋还是蛋生鸡一样，无法知晓最终的答案，只有永恒的追问。虽然共享服务中心最早来自美国企业的实践，但共享服务理论可以追溯到20世纪70年代甚至更早的理论界关于合伙制（partnership）的研究。该研究讲的是多个组织之间如何配置资源，创造共享价值，具体表现为让学生提升学习成绩，为患者就医提供便利。常见的研究有学校（大学—社区学校）间的共享服务、医院间的共享服务等。HR三支柱中共享服务中心的理论不同于合伙制的研究。从研究的对象看，前者是指企业内部的共享服务，后者是指组织间的共享服务。从研究的目的来看，前者是通过共享服务降低运营成本，后者是组织间相互合作，发挥资源的共享优势。

首次系统论述HR三支柱中的共享服务理论的是Gunn Partner公司的创始人罗伯特·冈恩（Robert W. Gunn）、强生公司的戴维·卡白利（David P. Carberry）、GE的罗伯特·弗里戈（Robert Frigo）以及DEC的斯蒂芬·贝伦斯（Stephen Behrens），他们于1993年联合发表了一篇文章，对企业共享服务中心的实践探索进行归纳总结。

1995 年，戴维·尤里奇发表文章《共享服务：从追求时尚到创造价值》（Shared Services：From Vogue to Value），除了系统论述共享服务理论，还首次提出了人力资源共享服务中心理论。

在实践方面，共享服务中心是企业 HR 三支柱的最早探索，但在理论方面，人力资源业务伙伴是最先被提出来的。1987 年，戴维·尤里奇在一篇工作论文中，通过对 8 000 多位人力资源专业人士的胜任素质的调研分析，指出人力资源专业人士要成为业务伙伴。

1997 年，戴维·尤里奇出版《人力资源转型：为组织创造价值和达成成果》（*Human Resource Champions：The Next Agenda for Adding Value and Delivering Results*）一书，在这部里程碑式的著作中 HR 三支柱的理论框架雏形清晰可见。他在书中介绍四角色模型中的效率专家时就提出了对人力资源管理进行组织、流程再造，通过建立专家中心、共享服务中心和业务伙伴，来实现四角色模型在企业内的落地。但实际上尤里奇并没有提出 HR 三支柱模式（Three-Pillar Mode）或类似概念。

IBM 自 20 世纪 90 年代初开始一直在探索实践尤里奇的理论，经过近 17 年的探索，从组织层面实现了对人力资源部的重构，将人力资源部分为三个部分：专家中心、共享服务中心和人力资源业务伙伴，并于 2007 年提出了 HR 三支柱模式。之后，HR 三支柱这个概念也得到了尤里奇的认可和众多公司的应用。

先导：IBM 的 HR 三支柱

1961 年是 IBM 成立的第 50 个年头，在这个大企业进入知天命之年时，人们惊奇地发现，《财富》500 强首次排名前 25 位的企业仅剩两家，IBM 是其中之一。而从 1961 年到 2011 年 IBM 迈入百岁之际，只有 4 家企业与 IBM 一同走过这 50 年。

IBM 素有尊重员工的美誉，其尊重员工的举措创造了诸多世界第一：1914 年，IBM 聘用了第一名残疾员工。1934 年，IBM 在当时的高科技工作领域雇用了女员工。1935 年，老沃森宣布男女员工同工同酬，这比作出同样规定的美国《民权法案》早 30 年。2005 年，IBM 成为第一个不把遗传因素作为录用雇员考量标准的企业。

一个以信念为推动力的百年企业，在一个多世纪中始终践行着对人的尊重，或许正因为如此，才能让很多杰出的人才不受束缚，在 IBM 崭露头角。作为一个非常典型的跨国公司，IBM 在人力资源转型方面也一直是行业的标杆、客户的思想领袖。IBM 自 20 世纪 90 年代开始探索的效率导向的 HR 三支柱模式至今仍在实施并不断优化改进，这从时间的维度检验了 HR 三支柱的价值，并为同样探索 HR 三支柱模式的中国企业提供了宝贵的经验。

IBM 的 HR 三支柱的发展历程导图

20 世纪 90 年代初，IBM 开始致力于人力资源转型。IBM 的 HR 三支柱的发展历程如图 2—1 所示。

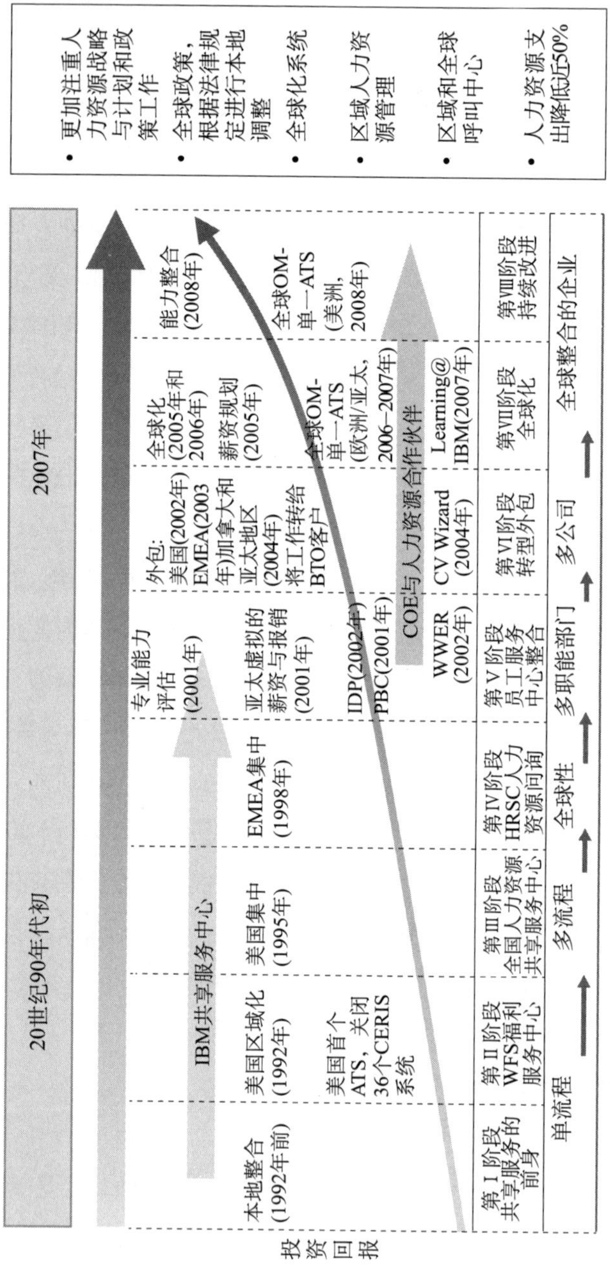

图2—1　IBM的HR三支柱的发展历程图

资料来源：顾晓蓉. 实现企业全方位的人才管理. IBM全球企业咨询，2010.

IBM早在1992年就开始了人力资源共享服务中心的探索和建立，其过程共分为八个阶段。

第Ⅰ阶段：IBM的人力资源共享服务的前身。1992年以前，IBM的人力资源管理在做本地整合的工作。

第Ⅱ阶段：WFS福利服务中心。1992年，IBM在美国的几个区域实施共享服务中心建设，这包括建设美国首个ATS，关闭36个CERIS系统。

第Ⅲ阶段：全国人力资源共享服务中心。1995年，IBM将几个区域进一步集中，实现了覆盖全美的共享服务中心。

第Ⅳ阶段：HRSC人力资源问询。HRSC即为IBM的共享服务中心。1998年，共享服务中心的服务范围进一步扩大，从全国集中升级为EMEA[①]集中。

第Ⅴ阶段：员工服务中心整合。2001年，共享服务中心进行了专业能力评估，实现了亚太虚拟的薪资与报销等业务。

第Ⅵ阶段：转型外包。IBM将共享服务中心的部分工作转给BTO客户，2002年将美国人力资源业务外包，2003年将EMEA的人力资源业务外包，2004年将加拿大和亚太地区的人力资源业务外包。

第Ⅶ阶段：全球化。共享服务中心在2005—2006年实施全球化战略，2005实施年薪资规划。

第Ⅷ阶段：持续改进。2008年IBM对共享服务中心的能力进行整合。

这八个阶段是IBM的人力资源共享服务中心的建设历程，期

---

① EMEA指欧洲（Europe）、中东（the Middle East）、非洲（Africa）三地区的合称。

间 HR 三支柱模式也随着这个过程形成。2000 年以前，人力资源未按 COE 及 SSC 模式分割，而是按传统职能划分为招聘、培训、薪酬、福利等工作，不利于弹性调配人力交叉支持工作。

IBM 开始建立 COE 与 HRBP 是在 2000—2007 年之间。HR 根据法律规定进行全球政策的本地调整。IBM 逐步开发个人绩效承诺（PBC）、个人发展计划（IDP）、全球劳动关系（WWER）、简历导向（CV Wizard）等人力资源管理理念，HR 更加注重人力资源战略与计划和政策工作。

具体做法是：实施 COE（大脑）—SSC（四肢）运作模式，将不同领域（招聘、培训、薪酬等）、地域操作集中化。IBM 大中华区人力资源副总裁霍斯特·加洛（Horst Gallo）认为这样做的价值在于：不同领域员工交叉支持，通过培养业务多面手，弹性安排人力，达到节约成本目的。负责不同地域的员工集中办公，有助于促进互相交流，根据地域间流程、工序的差异（例如：英国、澳大利亚的一些要求较接近，有整合空间）整合不同国家子公司使用相同的人力资源系统，完善数据管理。通过尽量扩大薪资水平较低国家的人力资源用工，取代一些薪资水平较高国家的用工，节省成本。

成本导向的 HR 三支柱

IBM 的前 CEO 郭士纳早在 2000 年以前就提出 IBM 人力资源管理需要做到“更好的服务，更低的成本，更高的满意度”来支持 IBM 的转型。1993 年他接管 IBM 时，处于崩溃边缘的 IBM 已经有很多危机处理方案，大家比较认可的是把 IBM 拆分，并一致认为不管怎样这个大企业不可能再复生了。郭士纳做了很多工作，最重要的就是提出一种观念，即“谁说大象不能跳舞”。

IBM 的人力资源转型采用的是一个非常典型的跨国公司模式，转型是从成本降低和效率提升角度出发的。IBM 在 20 世纪 90 年代就开始建设人力资源共享服务中心，始于共享服务中心的 HR 三支柱转型通常都是成本导向的。IBM 的 HRBP 服务比为 1∶40（主管），是非常精简的配比。COE 采取“一张面孔”模式，非常看重全球政策、方案的一致性，一致性为 IBM 带来的是成本的降低，效率的提升。

为了保持全球的一致性，IBM 于 2010 年成立了一个部门，叫作整合服务团队（IST），他们按照 HR 的专业领域分工，负责将 COE 的政策、方案在各个业务单元、国家实施和落地，当这项工作变成 HRBP 的日常工作后，他们的任务就完成了。新增这个部门，也是出于成本考虑，因为 IBM 有 40 万员工，业务高度全球化。面对复杂的局面，IBM 希望通过这样一个运营团队，提升政策的实施效率。

一切从效率出发：从 HR 三支柱到四支柱

效率是 IBM 的 HR 三支柱最明显的优势，这与 IBM 一致性的文化密不可分。早在创办 IBM 时，老托马斯·沃森就为公司制定了“行为准则”，这些准则一直牢记在公司每位人员的心中，任何一个行动及政策都直接受到这些准则的影响：必须尊重个人，必须尽可能给予顾客最好的服务，必须追求优异的工作表现。清晰的准则能让决策者方向更清晰，能吸引具有相同价值观的人才，能让员工发挥更大的工作效能。

IBM 的人力资源管理也非常重视全球的一致性。在强调“一张面孔”的 HR 三支柱模式下，COE 团队对于平衡管控目标和业务需求至关重要，因为这个团队负责制定政策、流程和方案。“在统一框架下的定制化”这个原则说起来容易，做起来难——业务单元很可能会因为丧失政策制定权，对总部能力产生质疑进而挑战变革的必要性。2009 年，IBM 提出了“智慧的地球”理念。“智慧的地球”理念包括三个主要特征：更透彻的感应度量、更全面的互联互通、更深入的智能洞察。配合这一理念，IBM 于 2010 年在 HR 三支柱之外建立了 IST 这一支柱，向上充分把握 COE 制定的政策，向下贴近业务，帮助各个国家的 HRBP 实施全球政策和方案，对人力资源部门支持全球整合的公司战略起到关键作用。

四支柱模式进一步帮助 IBM 提高效率，员工利用率持续提升，全球交付的实现率超过 90%。IBM 兑现了“为员工提供全球发展机会”的雇主品牌承诺，具有一致性的政策让员工可以更清晰地看到未来的发展机会。

是否会重蹈“宝洁困局”的覆辙？

凡事必有两面性，强调一致性的 HR 三支柱模式虽然为 IBM 带来了大幅的效率提升和成本缩减，但这种一致性也意味着缺乏国家灵活性，这会导致公司对当地市场的变化反应迟缓。对于小国家而言，对市场变化的缓慢反应可能对企业发展构不成太大威胁。但是对像中国这样巨大的市场而言，市场嗅觉不灵敏、“转身”不灵活却会成为跨国企业发展中的巨大失误。“宝洁困局”就是一个鲜活的例子。

宝洁2016财年第三季度业绩显示，其在中国市场的销售仅增长1%。在全球的销售则更加惨淡：宝洁净营业额已从542亿美元下跌至492亿美元，同比下跌9%。2009—2014年，在中国美容美发和个人护理产品市场，宝洁的市场份额从15.2%逐年下降，跌至12.7%；在中国家居护理产品市场，2010—2015年，宝洁的市场份额从7.3%一路跌至6.6%，其市场成绩远不如中国本土品牌立白，后者的市场份额已从14.9%逐年攀升至16.2%。

“当中国已成为全世界消费者最挑剔的市场时，宝洁还一直把中国当成一个发展中市场。”宝洁的CEO大卫·泰勒如是说。

第三章

HR三支柱在中国能否走得通?

西方对 HR 三支柱的求索对人力资源管理理念与实践作出了重大的贡献，无论是戴维·尤里奇的理论贡献，还是 IBM、福特、GE、强生等西方企业的实践探索。中国的一些大型企业在运营管理中，勇于尝试舶来的新概念、新模式，开始引进 HR 三支柱管理模式。

然而一些大企业的决策者在了解到 HRBP 或 SSC 等新概念后，以为这就是 HR 三支柱，并开始模仿，殊不知它只是跨国公司 HR 三支柱的其中一个。在实际运用 HR 三支柱理论和模式时，这些企业又往往随意地绕开新体系的约束，仍旧凭直觉、凭经验进行判断和决策。而且，中国企业的人力资源管理本身面临发展的诸多瓶颈，HR 三支柱在中国企业管理的大环境中能否行得通?

中国企业实践 HR 三支柱的状况

跨国公司的“一张面孔”引发的误解

跨国公司“一条腿”[①] 的实践让国内企业对 HR 三支柱的建设产生了极大的误解。2000 年年初，跨国企业大量进入中国市

① “一条腿”是指跨国公司在全球布局时，中国区仅设立三支柱中的一个支柱，如 HRBP 或 SSC。

场，在业务规模极速扩张的背景下，跨国公司出现了各个产品线目标各异、各自为战、管理重叠、缺乏沟通、资源利用低效率的窘境。整合资源，重塑“一张面孔”的战略被跨国企业广泛采用。

渴望拥有“一张面孔”的飞利浦于 2003 年发起了“One Philips”运动，努力让公司新设计的各个产品能互相协调，使不断扩张的产品线也能得到一致的管理。中国消费者渐渐发现，这家进入中国市场 20 年的老牌欧洲公司开始变得时尚和亲切，在那些大城市繁华地带铺天盖地的是飞利浦有关“sense and simplicity”（精于心，简于形）的品牌广告，画面简洁而温馨。当然，更重要的变化是，飞利浦中国对本土市场的适应性调整非常奏效。

跨国公司在人力资源管理领域也有“一张面孔”的探索，那就是在中国市场建立自己的共享服务中心，旨在加强各业务部门之间的联系，发挥协同效应。

2006 年，联合利华公司在人力资源领域落地“One Unilever”战略。联合利华将把全球 HR 方面的交易和管理工作外包，该合同涉及交易、管理以及支持招聘、采购、薪酬、培训和绩效管理等活动的 HR 资讯科技系统。2005 年，ABB 提出“One Simple ABB”战略，并于 2006 年在中国建立共享服务中心。泰科电子也于 2006 在中国建立共享服务中心（HRSS Operation)。2007 年，飞利浦中国成立人力资源共享服务中心（Philips People Service)。

然而跨国公司在中国实施的共享服务中心并不等于 HR 三支柱。跨国公司在中国的共享服务中心只是跨国公司在人力资源管理层面上的“一张面孔”战略部署。一些中国企业管理者了解到HRBP、SSC等新概念后，又看到跨国公司“一张面孔”战略下的组织调整，认为这就是HR三支柱，并开始模仿，殊不知这只是跨国公司的“一条腿”。对于HR三支柱，不仅要知其然，更要知其所以然。

国内中小企业人力资源投入严重不足

中国99%的企业是中小企业，目前已逾5 000万家，近10年增长了70%。国内的中小企业，成立时间短、规模小，对人力资源管理尚没有充分和深入的认识与投入。在人力资源上低投入也是由于中小企业面临着激烈的竞争。据统计，存活5年以上的企业不到7%，存活10年以上的企业不到2%，存活率可以说非常低。这种生存环境让中小企业势必将活下去视作当下首要的目标。以活下去为目标的中小企业，从人力资源管理发展的前三个阶段来看，大部分都很难从最初的人事管理朝人力资源管理或战略人力资源管理发展。这也直接导致中小企业的人力资源实践停留在以招聘、薪酬、人事服务为主的人事管理阶段。

人力资源管理本身面临发展“瓶颈”

从当前的人力资源管理实践来看，企业内部人力资源部门往往扮演着职能性角色，HR从事的主要是沟通谈判、文字报表等具体事务性工作，很难真正发挥人力资源管理的重要价值。此外，HR从业者的职业发展状况也不容乐观。

根据中国人民大学劳动人事学院与领英（LinkedIn）合作得出的《中国HR职业发展状况报告》，目前HR领域中，50.2%的从业者为初级职员，总监及以上的占比仅为6%，平均来看，HR初级职员晋升到总监需要7.97年，可见人力资源从业者在企业中普遍没有得到足够的重视。从企业的角度来看，无论是业务战略的需要，还是人力资源管理工作本身，都要求HR能够充分发挥价值，以提升人力资源服务。随着人的个性化日益凸显，HR需要进一步满足员工的多样化需求、提供更全面有效的服务，这对人力资源从业者而言带来了更严峻的挑战。

事实上，当前的HR从业者仅有19%是人力资源管理专业出身，反映了人力资源管理本身的职业化程度并不高。在HR从业者的职业发展中，片面强调知识型能力的建设，例如定岗定编、熟悉劳动合同法的相关法律法规、文书能力等。而对于战略规划与管理、统计分析等技能的关注较少，HR从业者的业务知识、变革管理能力也同样欠缺。人力资源转型之后形成的HR三支柱中，HR的各个角色在不同方面都需要具备相应的能力，以实现价值创造、为组织提供服务。人力资源管理本身面临的发展“瓶颈”在一定程度上限制了HR三支柱的实施和落地。

中国企业管理的“云雨沟”

一批在经营领域取得卓越成绩的中国企业，仍在虚心向西方学习管理。华为的任正非在一次讲话中用“云雨沟”来形容华为在管理方面的探索，“云”是管理实践，“雨”是管理思想，“沟”

是西方企业过去100年的成功道路。[①]

华为自1998年起，邀请IBM等世界一流咨询公司，先后到华为进行ITS&P，IPD，ISC，IFS和CRM等管理变革项目。IBM在引入这些新流程、体系时采取“先僵化、再固化、后优化”的原则，严格地按照新的流程、标准执行。经过十几年的努力，基本上建成了一个集中统一的管理平台和较完整的流程体系。2009年，华为请IBM将HR三支柱模式全面引入华为的管理流程。

海尔在1985年引进德国技术的同时引进了西方的质量管理。海尔的人力资源管理从采用泰勒的科学管理理论管理工人的基本工作开始，到在车间流水线上测算工人工作的节拍，对任务进行量化，确定劳动定额和劳动标准。海尔还学习了日本的“丰田模式”，确保对整个生产流程的有效管理，通过科学标准的动作流程（装卸、测试等）和高水平的设备保养开发现有设备能力，提高生产效率。20世纪90年代末，张瑞敏开始向西方学习流程再造。2007年，海尔请IBM为海尔建设能与市场对接的整套信息化系统。张瑞敏还同杰克·韦尔奇、郭士纳等世界级CEO交流学习组织变革的经验。

阿里巴巴在2001年聘请曾为GE服务25年的关明生做企业的COO（首席运营官），关明生带领阿里巴巴建立了与国际接轨的绩效管理体系，奠定了阿里巴巴的绩效管理基础。阿里巴巴还学习了GE如何在工作中渗透愿景、使命、价值观的管理。这个学习过程在员工评价方面尤为明显，阿里巴巴评价员工时首先是

---

① 宋劲松，彭剑锋，吴春波，等．“+时代管理”人的一场革命．北京：中国计划出版社，2015.

其认同并符合企业的价值观，其次才是其业绩和具备符合阿里巴巴业务发展所需要的技能和潜力。2003 年阿里巴巴开始学习实施价值观考核，并采用“活力曲线”法则[①]以及基于这个方法的淘汰和激励制度。

腾讯在 2004 年前后也通过学习西方管理实践与经验的形式，建立起一套完整的管理制度。例如，在关键业务领域引入职业经理人，辅助管理；在项目上引入西方的管理思想，看数据，科学理性作决策。这些学习和探索为公司业务和科学管理方法提供了支持，为腾讯的可持续发展奠定了坚实的基础。

如今，这几家企业都在各自的经营领域中成为第一：华为是全球领先的信息与通信技术（ICT）解决方案供应商，被外界评价为全球电信设备行业第一大厂商；海尔是全球大型家电第一品牌；腾讯是中国领先的互联网综合服务提供商之一，在社交、游戏等多个领域排名世界第一；阿里巴巴在最新的调查中成为全球第一电商。然而在管理领域，它们仍在继续学习西方的管理理论、实践经验。

当前，在人力资源管理领域，HR 三支柱作为舶来品对国内企业的人力资源管理转型升级产生了重要的影响。早期进行 HR 三支柱探索的企业，以尤里奇的思想为指导，积极学习 IBM 的管理实践，通过自上而下或者自下而上的方式搭建 HR 三支柱。然而，中国企业在探索的过程中，由于内外部环境和各方面条件的差异，很难真正系统地引进 HR 三支柱模式，即使是“第一批吃螃蟹”的企业，也还在努力摸索中。

---

① “活力曲线”法则，亦称末位淘汰法则，指通过竞争加以淘汰来发挥人的极限能力，由 GE 前 CEO 杰克·韦尔奇提出，其实质就是“末位淘汰”。

互联网时代迎来HR三支柱实践创新的良机?

互联网以其便捷的无时不在、无事不在、无所不在的信息沟通和交流，以及海量的信息资源传送、呈现、挖掘和共享，对零售、金融、交通、教育等行业的传统经营模式产生冲击。尽管互联网正在渗透到社会生产和生活的方方面面，但没有改变事物的本质，不可能使公司的管理实现跨越。中国人民大学的黄卫伟教授认为互联网的作用在于用信息化改造实体经济，增强其优质、低成本和快速响应客户需求的能力。互联网对企业管理的作用是什么呢？首先，互联网可以使产业链内部交易标准化、数据化的信息快速传递，并全流程透明；其次，通过信息移动互联加强内部的信息沟通和共享，推倒部门墙，简化内部运作的合同、订单、项目、配置、库存的大数据，支持即时、准确、优质和低成本的交付；通过对人才的大数据分析，实现人才的合理配置。

自工业革命以来，无论是科学技术的发展，还是管理实践的探索，西方国家始终处于领先的地位。互联网时代的到来，推动着技术的革新和商业模式的演进，甚至给产业带来颠覆性的变化。在这一波浪潮中，中国企业迎头赶上，抓住了时代的机遇，在不同领域实现创造性突破。例如，阿里巴巴依托淘宝平台，成为全球第一电商；腾讯在互联网综合服务领域快速崛起；海尔的“人单合一”模式推动了管理创新……因此，在新的时代背景下，中国企业在技术发展、商业模式和组织管理等方面，都可能带来全新的突破，这也为HR三支柱的探索营造了良好的环境。

国内领先企业，如华为、海尔、腾讯、阿里巴巴等，正在进入所在行业的无人区，处在无人领航、无既定规则、无人可追随的困境。互联网成为这些企业探索管理改进的新理念和新工具。腾讯、阿里巴巴等互联网企业基于技术和资源优势，将其在消费互联网中的大数据、即时通信、粉丝等全新概念运用到人力资源管理中，努力塑造 HR 的用户意识和产品意识，同时注重 HR 的应用型能力建设，更好地将人力资源战略与业务战略结合，使 HR 成为战略合作伙伴。在这一过程中，为快速响应用户需求，这些企业将技术专长应用在人力资源效率提升上，建立起更具灵活性的人力资源组织。华为、海尔等传统企业有着深厚的客户关系、技术积累，积极拥抱互联网，在互联网与产业的生产、交易、融资、流通等各环节深度交融的同时，获取和培养互联网人才，关注人才的个性化特征，探索适应互联网时代的组织架构，实现对管理的改进。

这些企业已经走完了西方企业过去 100 年的管理探索之路，现在则肩负起前瞻性思考、引领管理理论的责任，它们的实践经验以及不断提炼总结出的管理思想同样值得国内外企业借鉴。因此，深入学习这些企业在 HR 三支柱方面的实践历程，对于理解 HR 三支柱模式的实践应用具有重要的意义。

第四章

寻觅中国第一批吃螃蟹的人

组织能力的升级与技术创新成为中国企业突破管理困境的有效思路。阿里巴巴、腾讯、华为关注 HR 组织模式的中国化，为企业带来组织能力的提升。同时它们在 HR 技术上不断投入，对 HR 三支柱进行了平台化、数据化、移动化、智能化的转型。三家企业作为中国 HR 三支柱的探路者，其 HR 三支柱模式是在什么背景下构建的？是逐步建立还是整套引入的？在模式上有何优势和劣势？

阿里巴巴的 HR 三支柱：人是资本而不是成本

阿里巴巴集团成立于 1999 年，马云与另外 17 人在中国杭州创办了阿里巴巴网站，阿里巴巴团队从互联网泡沫中逃生，和 eBay 大战一场后，成长为中国第一家全球 B2B 公司。阿里巴巴的发展史就是中国进入信息经济时代的一个缩影，短短十余年，以阿里巴巴为代表的新一代互联网企业彻底改变了世界。

阿里巴巴到底是一家什么样的公司，是什么成就了阿里梦想？其实阿里巴巴是一家特别富有理想主义色彩的公司，当然它也是一家很现实的公司。当前人们对阿里巴巴的评论容易走极端——要么神化，要么妖魔化。其实阿里巴巴不过是在管理上坚持自己的价值观，阿里巴巴的成功与其个性鲜明的独特企业文化以及与之配套的人力资本战略有着密切的关系。

阿里巴巴 HR 三支柱的发展历程及架构

1999 年 2 月，马云在只有几张破凳子的房间里说的一段话成了阿里巴巴日后的文化，他说，“尽管今天我们什么也没有，但我们要先做一个约定——我们这群人只能做连长和排长，以后我们的军长、团长，要从外面请更厉害的人，带领我们往前走。”对人才的重视，使他在第一天就把这个游戏规则定好，现在仍影响着阿里巴巴的价值观。

2001 年，为 GE 服务 25 年的关明生加盟阿里巴巴，帮助阿里巴巴打造了一套与国际接轨的绩效管理体系，奠定了阿里巴巴绩效管理的基础，借鉴 GE 对价值观的推崇并进一步予以强化。人作为资本在阿里巴巴的价值主要体现在两个方面：首先是认同并符合企业的价值观，其次才是业绩和具备符合阿里巴巴业务发展所需要的技能和潜力。

因此，2003 年阿里巴巴开始实施价值观考核，并采用“活力曲线”法则以及基于这个方法的淘汰和激励制度。阿里巴巴用“271 排名”的方式来考察员工的相对业绩，不过阿里巴巴对后10%的淘汰不像 GE 那么严格。前首席人力官彭蕾在接受采访时说：“我觉得价值观考核就像一根绳子，在我们队伍规模快速扩张的时候，抓住这根绳子，我们才得以保持阿里巴巴文化的凝聚力，才能在激流险滩中不被冲散，我们的价值观绩效考核，其实就是在不断地把价值观融入渗透到公司的文化血脉中。”

2005 年是阿里巴巴发展史上重要的一年，前有“淘宝网”“支付宝”的诞生，后有阿里巴巴网络有限公司成功上市，在这承上启下的一年里，为了适应员工规模的迅速扩张，更好地管理人力资本，进而提升组织的核心竞争力，阿里巴巴加大人力资源管理投入，制定完善的人力资本战略，从而进入了阿里巴巴 HR 三支柱发展的源头时期。

2004 年“非典”以后，阿里巴巴的 B2B 业务高速成长，人才低价高用，机会多，工作多，但人手不够，一线团队培养缺乏有效支持。阿里巴巴的创始人马云一直在思考，如何保证在企业层级增多、跨区域发展成为趋势的情况下，保证一线员工的价值观传承，同时在业务和人力资源培养方面提供更快捷的支持。2004—2005 年，《历史的天空》和《亮剑》两部军事题材连续剧热播，《历史的天空》中的张普景政委和《亮剑》里的赵刚政委都给人留下深刻印象。在人民军队快速成长的过程中，总有那些既能打枪又懂政策的政委充当着幕后英雄的角色。阿里巴巴政委体系的灵感就源于此。马云将几十张 DVD 发到了管理层手中，要求他们通过看连续剧来进行深入探索和学习。此时，主管人力的副总裁邓康明正在酝酿同样的事情——在 B2B 部门的一线销售团队中派出既懂业务又代表公司政策，还要肩负企业价值观宣导重任的人力专员。加上创始人马云的灵感，因此将这套人力资源管理体系改名为“政委体系”。从战略的角度讲，阿里巴巴希望走 102 年，那么为了避免业务经理基于短期业务压力采取短期做法，也需要有目光长远的人与其搭档，因此，诞生了阿里巴巴的政委体系（见图 4—1），这也是如今阿里巴巴 HR 三支柱中 HRBP 这一支柱的发源点。

阿里巴巴最初决定使用成熟的人力资源管理系统是在 2005 年。2005 年，阿里巴巴已经对未来电子商务的发展有了自己的判

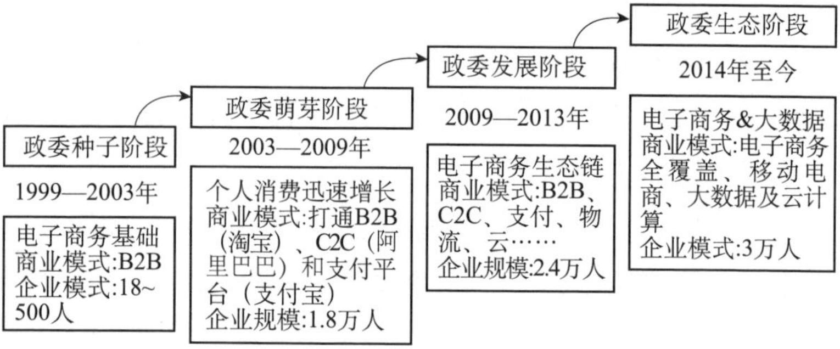

图 4—1　阿里政委体系的发展史概要

断，为了更好地在这一充满商机的市场中赢得头彩，阿里巴巴选择首先充实自己的资本力量作为砝码，而最关键的砝码之一就是将人力资源当成自己的资本。为了推进企业价值观和员工素质的融合发展，更好地管理人力资本，进而提升组织关键能力和核心竞争力，阿里巴巴组织 IT（信息技术）和管理方面的专家进行人力资源管理的咨询论证，构建了统一的 e-HR 平台，这便是 HR 三支柱中共享服务中心的雏形。①

从阿里巴巴的结构来看，2004 年的时候只有一个阿里巴巴；2005 年收购了雅虎；2006 年做了一个大的拆分，变成集团式结构；2007 年各部分更加独立，慢慢发展成松散的事业部形式。2006 年年底以前，HR 都是集中管理的，2007 年开始，各公司都有了自己独特的人力资源管理功能，同时通过集团统一的 e-HR 平台开展员工档案管理、薪资管理、绩效管理、福利和休假管理等方面的工作，整个集团的人力资源管理工作流程实现了规范化和自动化，各种统计分析报表自动生成，显著提高了人力资源管

---

① 邢帆．阿里巴巴的“用人之道”．中国信息化，2012（1）：44-45.

理的精确性和工作效率，为阿里巴巴人力资本战略的成功实施奠定了坚实的基础。[①] HR 三支柱也逐步发展成如图 4—2 所示的架构。

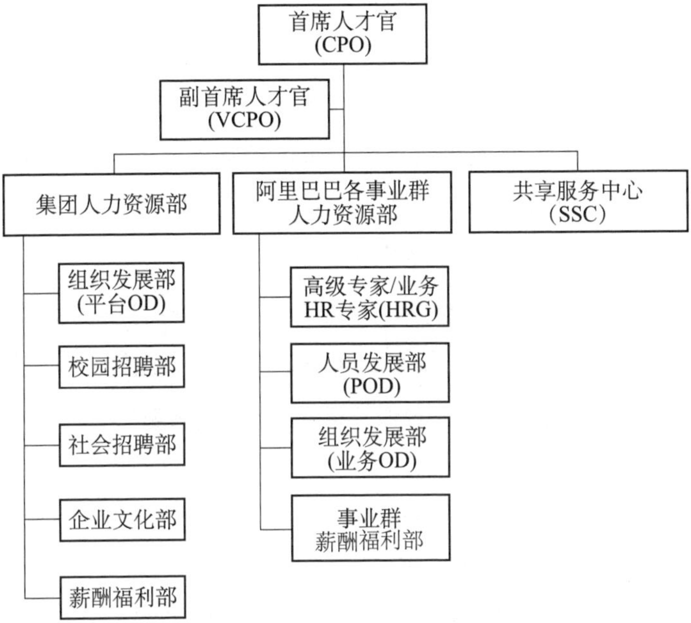

图 4—2　阿里巴巴人力资源管理体系图

COE 由组织发展部、校园招聘部、社会招聘部、企业文化部、薪酬福利部等构成。组织发展部分为平台 OD 和业务 OD。平台 OD 负责公司大体系发展、高管领导力发展和商业教练，业务 OD 则直接驻点在各个事业群，负责事业群相关的组织架构、人才盘点、业务复盘。校园招聘部负责阿里巴巴集团的校

---

① 詹尉．物我两用 人心皆得——阿里巴巴用人的“道”与“术”．人力资源管理，2011（12）：86-86.

园招聘策划、招聘录用分配、新大学生培养（培训）计划及实施。社会招聘部主要负责高级人才猎聘，并在各个事业群与HRG协同。

HRBP在阿里巴巴有一个很红色的名字："政委"。他们是阿里巴巴在各个事业群和业务部门的HR通才。所谓政委，主要是原来业务线转过来的HRG，他们熟悉业务并且能够比较深入地了解人和事，对事业群进行组织变革推动和服务支撑。如今阿里巴巴已经很少提政委这个称呼，更多的是提HRG。

一般地，一个大事业群下面有15个左右的政委。一个大的部门下面有一个大政委带3～4个小政委。这3～4个小政委在工作内容上不是按照招聘、培训、考核、员工关系这样的职能模块划分的，而是每个人负责部门内一些二级组织单元的全HR模块。

人员发展部负责各事业群内部的人员技能培训及相关承接公司文化要求的培养工作，原来隶属于各事业群的客户中心，从2015年开始整合到事业群的人力资源部门，但汇报上目前还未完全整合到事业群的大政委身上。

共享服务中心涉及外包员工，包括针对员工的服务呼叫中心，日常的社保、公积金、假期、合同管理等人事业务。

成长导向的HR三支柱

所谓成长导向的HR三支柱，顾名思义，是指为了匹配企业战略而采用的高投入、促发展式的人力资源管理体系。以下四个需求，使得阿里巴巴人力资源体系采用成长导向成为必然。

(1) 文化落地的需要

由于独特的企业文化，阿里巴巴对员工的价值观十分重视。价值观是阿里人群体的价值取向，是阿里人的共识，是整个组织的 DNA，是阿里人一直坚守的内核。阿里巴巴的“六脉神剑”①，其实就是对其价值观的一个综合阐述。当其他互联网公司把“速度”和“创新”作为企业生存基础的时候，阿里巴巴却把“六脉神剑”作为自己的天条，这或许正是阿里巴巴的独特之处。

在每个季度的员工考核中，对价值观行为标准的打分占到了总分的 50%，这就意味着员工是不是“阿里人”对其在薪酬、晋升等方面起着至关重要的作用。而在大多数企业，价值观只是作为一个参考因素。由于价值观的“软性”，评价起来势必会增加绩效考核的成本。阿里巴巴依托具体的分拆性评价，将六个核心价值观具体演化成 30 种行为方式，使之可操作化，从而对每一位员工起到重要的导向作用。而且，阿里巴巴的价值观考核还采用过关式的形式。可见，马云加大这方面的投入是希望借由这种相对极端的硬性制度，来确保阿里巴巴的味道。

(2) 人员规模扩张的需要

因为业务规模的扩张，这些年来阿里巴巴的员工数量也急剧增长，从最初的 18 个人，到 2005 年的几千人，再到现在的 3 万人。人员规模的扩大，势必会给企业的内部管理带来巨大的挑战。无数的创业型企业没能迈过这道坎。

对于阿里巴巴来说，这一挑战显得更加严峻。阿里巴巴的员

---

① “六脉神剑”是阿里巴巴的六个核心价值观，即客户第一、团队合作、拥抱变化、诚信、激情、敬业。

工偏年轻化，而且还要保证每一个新员工都要有共同的价值观，那么在培养上就得投入更大的精力。事实上，阿里巴巴一向不吝啬培训方面的投入，马云即使再忙也会抽身参加每一期的新员工培训会，以向新员工传输信仰的价值。

在选人与育人的决策中，阿里巴巴更侧重于育人，邓康明曾说："我们的选人策略是，宁肯找那些没有太多工作经验，而基本素质很好的人。"彭蕾也提出对人才的新要求：聪明、乐观、皮实、自省。相比工作经验，阿里巴巴更看重人员的基本素质。"软实力，如乐观、不怕压力很重要，缺乏经验没关系，我们愿意投入很大的精力去培养他。"邓康明如是说。

在最近的校园招募（以下简称"校招"）中，阿里巴巴提出"非凡人以平常心做非凡事"的理念，主要瞄准技术岗位选拔人才，一旦被录用，阿里巴巴也将投入大量资源帮助新人成长，包括一对一配备资深的师兄、设置完善的培养课程，并甄选业务场景帮助其快速获得实战经验。

确实，在阿里巴巴的企业文化中，人力资本和物质资本是不一样的，人是资本而不是成本，企业可以通过对人进行投资从而增加其自身的价值并创造新的价值。对育人的重视与投入，很好地体现了阿里巴巴人力体系的成长导向。

对于阿里巴巴严格的价值观行为标准评定来讲，人员膨胀是一个巨大的挑战。打分制要求上司对员工有绝对的了解，但是人员如此迅速地扩张后又怎么能保证呢？为了化解这些难题，阿里巴巴对 HR 本身进行了大规模的投入，阿里巴巴的 HR 人数几乎是行业标准的两倍，而 HR 的投入是同类企业的三四倍之多。[①]

这几年，由于阿里巴巴对人才的重视，除了普通员工外，阿里巴巴的空降兵日益增多，因此又出现了一个问题，即由于这些空降的高管在以前受过其他企业文化的熏陶，现在再来完全接受阿里巴巴的文化，就显得比普通员工更难。因此阿里巴巴在这方面加大了投入，经常举办一些高管活动，如“湖畔论道”等。

正如邓康明曾说的，“人员膨胀，管理必然被稀释，而通过 HR 这条线，可以弥补。”

(3) 业务的需要

首先，从行业特征的角度来讲，阿里巴巴是一个高速成长的行业，高速成长的行业的特点是低位高用，从人力资源配置的角度来说，机会多，工作多，但人不多。[②] 所以必须加大人力资源管理投入，以统筹协调大而杂的局面，尽量做到人岗匹配，充分发挥人力资本的价值。

其次，从业务关系的角度来讲，阿里巴巴 HR 和业务呈现的是手心手背的关系，即 HR 要贴着业务。业务和 HR 融合在一起，形成一个太极图，业务会谈到很多的词，快速识错、快速迭代、小步快跑。这对政委的要求就很高，政委不仅要闻味道，感知温度，经常与员工交流，还要查看整个团队是否士气高昂，是否存在心态上的不足。因此在政委的选拔、培训、考核等方面需要很大的投入。关于提高队伍士气，阿里巴巴的一个重要途径是借助员工俱乐部。阿里巴巴著名的“阿里十派”就有来自员工关

---

① 焦晶．阿里巴巴的“大政委”．中外管理，2007（9）：87-88.

② 鲍春梅，邓康明．阿里巴巴的政委体系及其他．管理@人，2010（11）：43-47.

系部门的政委的参与，员工的自主经营。政委的重要任务之一就是带领大家“吃喝玩乐”。这么大的投入，旨在提升阿里团队的温度。

最后，从业务特点的角度来讲，电子商务灵活多变，因此一方面需要组织灵活，另一方面又需要员工创新。想让组织灵活，就需要配套的人力资源体系去支撑人才的运动，以做到招之即来，来之能战，战之能胜；想让员工创新，就要鼓励员工勇于试错，就需要配套的激励机制。互联网和电子商务的发展都是摸着石头过河，所以阿里巴巴总的方向就是在试错中前进，阿里巴巴希望让听得见炮火的人来决策，期待各级领导敢于让员工犯错，让他们在错误中创新和成长，这些都是需要组织、资金支持的。

(4) 愿景的需要

马云在任何场合都像祥林嫂一样重复着“创建一个 102 年的公司”的人生理想，而他的同事们，当年一起在杭州的民宅中结义的“十八创业罗汉”在经历了公司上市带来的无限精神和物质满足之后，有什么方式可以让他们或者说更多的高管可以继续带着往日的激情，把阿里巴巴的事业推向新的高峰？在阿里巴巴上市之后，有四位高管出局，又有新的伙伴加入，最后形成了现在的 30 多人的合伙人团队。马云实际上是在打破高管们心中“这个企业没有我不行”的思维定式。因为一个在全球范围内优秀的企业不应该是没有谁就不行。英雄对于企业来说至关重要，但是一个企业更应该致力于建设一套不断培养出英雄的机制。正如《基业长青》中所讲的，一个企业做大靠经营，做久靠管理。

阿里巴巴要做 102 年，需要坚守一些道德底线和标准，HR

体系就要跟上。做互联网、电子商务，由于新的文明是开放透明的，因此机制就要跟上，管理背后的制度建设、继任者计划等都需要加大投入，都需要在资金、组织上提供保障。这样才能真正实现“百年老店”的终极目标。

阿里巴巴 HR 三支柱的特色：把支部建在连队上

在阿里巴巴的人力资源体系里，最大的特色是政委体系。[①]

政治委员制度最早始于 18 世纪意大利共和国雇佣军，政治委员当时的职能是作为政府的特别全权代表监督部队的行为。法国大革命时期，政治委员制度成为法国雅各宾派专政时期做斗争的最重要手段之一。后来，列宁在领导俄国革命时创造性地借鉴了这一制度，开创了无产阶级军队中的政治委员制度。我国红军创立之初，毛泽东借鉴苏联红军的做法，在人民军队中着手建立政治委员制度，真正关注战争中参与人员的精神作用，把原来粗糙的战争动员变得长期化、专业化。数十年来，政治委员制度伴随我军的成长逐渐成为我军一块不可缺少的坚固基石，发挥了无可替代的重大作用。[②] 阿里巴巴的政委体系从理论上就是借鉴于此的。

所谓的阿里政委，实质是公司派驻到各业务线的人力资源管理者和价值观管理者，与业务经理搭档，共同做好所在团队的组

---

① 鲍春梅，邓康明．阿里巴巴的政委体系及其他．管理@人，2010（11）：43-47.

② 屈莉．我军实行政治委员制度的历史回眸．军事历史研究，2007（2）：40-44.

织管理、员工发展、人才培养等方面的工作。阿里政委的结构框架如图 4—3 所示。首席人才官（CPO）下设总政委，然后下设直接与事业部总经理搭档的大政委，大政委下设小政委，分别在具体的城市区域与区域经理搭档。

图 4—3　阿里政委架构图

在军队中，政委的任务是负责观察业务之外的情况，看士兵的状态是否良好，以及司令对团长、连长的沟通是否到位。同时协助司令审视自身的组织能力。对于一个规模企业来说这些至关重要。阿里政委主要有以下几个特色。

第一，出身特殊。一个企业想要长治久安，最重要的就是思想、文化、选什么样的人、用什么样的人、承担什么工作。政委体系中，1/3 以上是业务部门的骨干，他们都是业务部门中比较优秀的经理、优秀的主管。从政委中选拔也曾是阿里巴巴晋级奖励体系里一条不成文的规矩，要上升必须当过政委，要承担更大的责任，必须在 HR 体系里稳固一段时间，而且有一定的成绩。

第二，参与业务会议是硬性要求。阿里政委对业务的理解不是天生的，是由阿里巴巴的企业文化支撑的，政委参与到全部业务会议里，这在阿里是硬性要求，但多数企业是不能接受的，就算老板接受，业务部门领导也不一定能接受。

在业务团队的会议中，阿里政委往往会提出非常专业的、有冲击力的问题。大多数时候业务人员都只看自己的业务板块，而政委是同时看多个业务的，把业务逻辑串起来，帮助业务人员从更高的、全局的角度看板块业务。

第三，工作善交流、重人心。阿里巴巴的 HR 有 50%～60%的时间在做员工访谈，而传统的企业里，HR 会在什么情形下找员工访谈？都是遇到问题、有硬性工作要求的时候才谈，被谈话者还真有一点夜猫子进宅的感觉。阿里巴巴的 HR 会随时找员工访谈，真的就像电视剧里的那些政委一样，了解员工的各种情况，包括家庭动态、业务动态、团队成员间的状态：他要买房子么？他妹妹要买房子么？他的小孩要上小学还是幼儿园？他在工作中遇到困难没？是否需要支持？他和团队中的其他人配合如何……真的是全方位立体化的了解，必要时 HR 还会给出解决方案或者提供支持。

一位 B2B 的大政委对他手下的小政委的要求是：小政委聊完后，团队中上百人，随机抽到一个同事，他有什么困难，处于什么样的心理状态，小政委都要非常了解；两个人迎面碰到的时候，可以相互给一个默契的眼神，觉得他很懂你，你也很懂他。

正如 2009 年彭蕾主题演讲中提到的，“当然，HR 是有很多流程和制度要去建立和遵循，但我认为 HR 最大的成就感，就是用你的工作改变一些人，让他们获得成就感，实现自我价值，从而实现公司的价值。而且，HR 在面对企业或者行业发展危机的时候，更要把自己的管理定位为人心的管理，帮助这个人成长从而帮助企业渡过危机。”①

第四，决策方式自下而上。由于行业的特殊性，更多的时候，阿里巴巴的决策权在下面而不是在上面，这样就形成了一个高效的工作网络，这个网络中的节点是由每一个小的战斗单位构成的，他们拥有充分的决策权。也就形成了一个自下而上的、自我驱动的机制，阿里政委随时准备自下而上地推动业务团队的开疆扩土。

阿里巴巴能否走过102年？

世间的事物都存在一个物极必反的规律，一方面强势必然会使得另一方面处于相对弱势，阿里巴巴的HR三支柱也存在问题。

阿里巴巴的HR三支柱模式中，以政委为代表的HRBP是最有特色的部分。阿里政委，采用自下而上的工作方式，被授予相对更大的权力，政委与业务相互补位，拥有充分的决策权。COE则需要更多地配合来自业务侧政委的发声，这在一定程度上削弱了COE的专业化。

把大部分的决策权放到中下层，会使很多决策在系统性、长远性上可能存在一定的问题。十多年来，阿里巴巴得到了迅猛的发展，目前看来发展态势依然良好，这很大程度上归功于组织的长远战略把握在以马云为核心的合伙人团队手中，但是随着时间的推移，领导团队的更替，这种重视HRBP自下而上的决策系统

---

① 彭蕾．主题演讲之：阿里巴巴点滴．管理@人，2009（Z1）：44-45.

是否能够持续为企业发展创造价值，促使阿里巴巴实现走过102年的梦想，还有待时间的考证。

阿里巴巴是一个生态系统，不仅自身业务多元化，其关联公司和服务也很多。阿里生态也正围绕核心电商、云计算、数字媒体和娱乐等业务不断延展。生态的延展让“阿里橙”文化变得更加包容，鼓励了生态圈内“子橙”文化的诞生和发展。这也对人力资源管理提出了新的挑战，全部套用“政委”确实很难在子公司、关联业务中实现。这些不断诞生，逐渐成长、成熟的“子橙”，呼唤适合其业务特点的人力资源管理体系。

腾讯的HR三支柱：专业、服务、伙伴

作为中国最大的互联网综合服务提供商之一，腾讯的发展可以用“超速”来形容。腾讯于1998年11月由马化腾等五位创始人共同创立，2004年6月于香港成功上市，2016年9月，腾讯股价开盘后持续大涨，成为亚洲市值最高的公司。腾讯用十几年的时间实现了从中型军舰到超级航母的华丽转变，缔造了一个又一个商业传奇。

回顾腾讯的发展之路，我们可以看到腾讯是一家重产品、执行力强、反应快速、不断推陈出新的公司，同时腾讯又是一家涉猎多个业务模块拥有庞大员工数量的互联网公司，如何让大象跳舞？腾讯独特的企业文化及人力资本战略起了关键作用。

腾讯的人力资源管理发展历程及 HR 三支柱

腾讯以“成为最受尊敬的互联网企业”为愿景，树立了“正直、进取、合作、创新”的价值观，希望“通过互联网服务提升人类生活品质”。这些愿景、价值观、使命构成了腾讯独特的企业文化，贯穿于腾讯发展的每个阶段。

随着腾讯的“超速”发展，其员工的规模也在“超速”扩张，这对人力资源管理提出了前所未有的挑战。如何在瞬息万变的互联网行业中生存下来？腾讯用“大公司平台、小公司精神”完美演绎了互联网企业的成功之道。

“大公司平台”就是要让企业无论大小都在自己的行业空间内，利用社交化、网络化、新技术打造出跨界影响力；“小公司精神”则是指互联网企业必须保持像小公司那样的反应速度、创业精神、业务导向和管理环境，及时响应客户需求，尊重用户的感受，把用户体验放在首位。

凭借着这种精神，腾讯人力资源体系在 2012 年公司组织架构调整时，游刃有余，成功从原有的业务系统制（Business Units）升级为七大事业群制（Business Groups），七大事业群分别指企业发展事业群（CDG）、互动娱乐事业群（IEG）、移动互联网事业群（MIG）、微信事业群（WXG）、网络媒体事业群（OMG）、社交网络事业群（SNG）、技术工程事业群（TEG）。

当然，腾讯人力资源体系的成功也不是一朝一夕促成的，它经历了一次又一次的变革与突破（见图 4—4）。

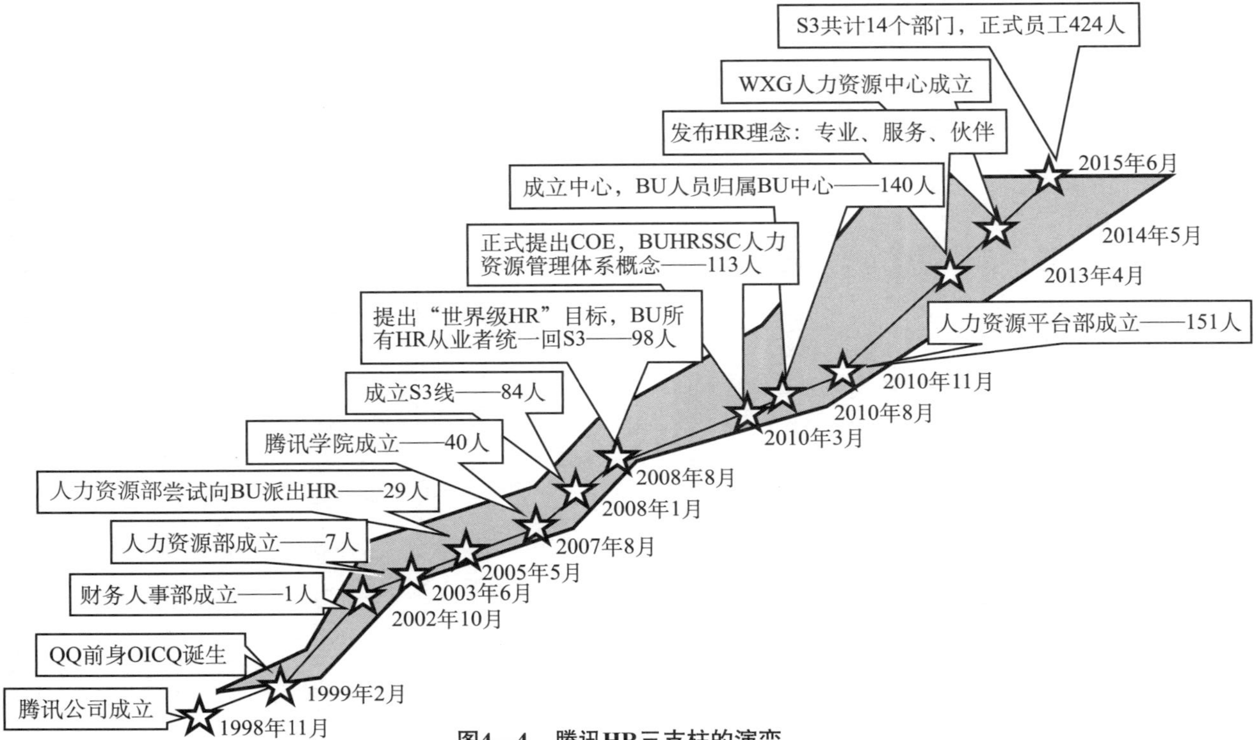

图4—4 腾讯HR三支柱的演变

注：S3是腾讯的人力资源部门的简称，其全称是“人力资源管理与管理线”。

第一阶段：人力资源管理初建期（1998—2003 年）。1998 年，腾讯刚刚起步，由于员工人数较少，没有设置独立的人事管理部门。后来人事管理部门逐渐形成以职能为导向的组织结构，同时也出现了客户价值导向的理念与思想的萌芽。

第二阶段：人力资源管理发展转型期（2003—2009 年）。2003 年，公司人数不断膨胀，腾讯正式成立了人力资源部门，“员工是企业的第一财富”的观念逐渐深入人心。在这个时期，腾讯还面临着企业文化被稀释、人才储备和培养跟不上企业发展等问题。为了解决一系列相关问题，公司成立了企业文化管理委员会和腾讯学院，推广企业的价值观，加快新人融入公司的步伐。

第三阶段：人力资源管理新型组织结构——HR 三支柱的建立期（2009 年至今）。在这个阶段，随着移动互联网的发展，一个全新的时代“i 时代”① 降临了，它带来的是人与组织管理的新趋势。

从人的角度来看，工业经济时代关注的是标准，管理的是群体行为；知识经济时代关注的是信息，管理的是群体知识；而在 i 时代，我们谈管理，管的是人性，理的是人心，强调的是对个性的尊重，在去权威的环境中帮助员工自我管理、自我驱动与自我实现。

从组织的角度来看，过去组织强调大型化、内部化、集中化，现在组织更强调小型化、外部化、分离化这些特性。要求组织去中心化、扁平化、分布式，可以使组织更快速地响应外

① “i 时代”由马海刚于 2014 年提出。i 指个性化、互联网化、颠覆化。

界的变化。在这样的组织特征下，企业渴望的是推动员工自驱动、自管理，从而形成一个从被动到主动的自组织管理形态。

企业如何实现这样的自组织管理模式呢?

腾讯对此作出了自己的探索，于 2010 年 3 月正式提出建立专家中心、共享服务中心、业务伙伴的 HR 三支柱组织架构的概念，形成了客户价值导向的人力资源管理组织结构。2014 年，为进一步将 HR 服务产品化，为客户、用户提供端到端的交付，腾讯将共享服务中心（SSC）升级为共享交付中心(Shared Deliver Center，SDC)。腾讯 HR 三支柱中各个支柱的职能、组织设置如图 4—5 所示。

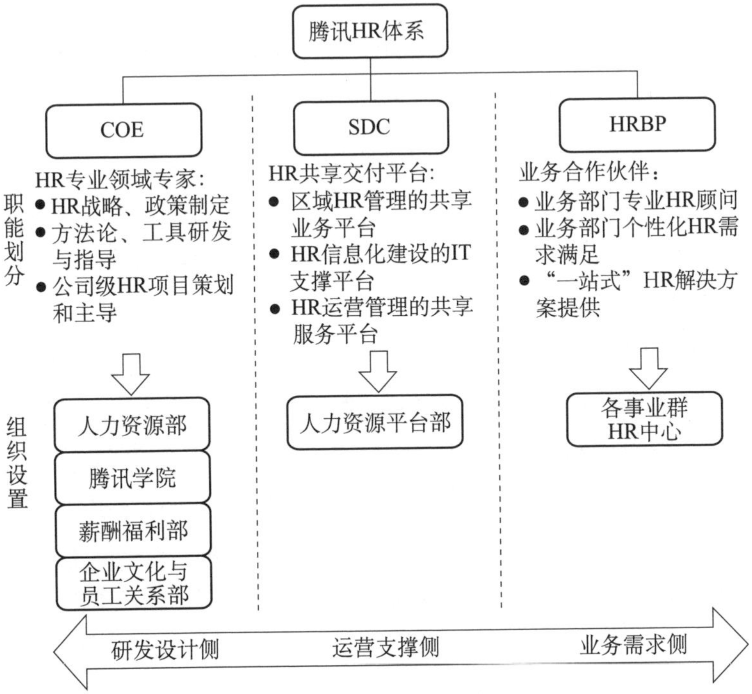

图 4—5 腾讯 HR 三支柱架构图

腾讯通过从 HR 价值出发进行重新定位，确保人力资源部门在公司战略推进和落地过程中成为可信赖的合作伙伴。通过重新定位，人力资源部门推动各 HR 支柱发挥前瞻性牵引作用、体系支撑作用、紧贴业务作用。

- COE：发挥前瞻性牵引作用，成为前瞻性业务变革活动的加速器。腾讯的 COE 下设四个部门，分别是人力资源部、腾讯学院、薪酬福利部、企业文化与员工关系部。COE 的主要作用是根据公司战略导向，拟定前瞻性的 HR 战略，制定有战略连接性的 HR 政策制度，同时负责方法论、工具的研发与指导，做公司级 HR 项目的主导者、牵头人，在各专业职能领域推动变革，为公司及业务创造价值。

- SDC：发挥体系支撑作用，成为 HR 产品、服务、系统高效交付的专家。腾讯的 SDC 包括 HR 信息建设中心、HR 系统开发中心、运营服务中心以及四个区域人力资源中心（北京、上海、成都、广州）。为了发挥 SDC 的体系支撑作用，需要 HR 提供面向业务和员工的 HR 专业交付服务，搭建 HR 业务运营体系和功能管控的统一平台。

- HRBP：发挥紧贴业务作用，成为业务部门、团队管理问题快速诊断的顾问。腾讯总共有七大事业群和一个职能系统，事业群或职能系统都设有 HR 中心，构成了 HRBP。HRBP 的主要职责就是诊断并且满足业务部门发展过程中的业务部门个性化 HR 需求，成为业务部门专业的 HR 顾问，为他们提供灵活的、有针对性的“一站式”HR 解决方案。

特点：增长导向的 HR 战略

所谓“管理之道，唯在用人”，人才是组织活力的源泉。人力资源管理好比企业的地基，只有地基打好了，才能支撑起整个企业的战略，打造出一座坚不可摧的摩天大楼。人力资源战略的规划也要与企业战略相一致，根据企业战略进行人才配置与培训，让人才清晰地了解组织的前进方向，吸引志同道合的人才加入组织，不断强化企业的竞争力与竞争优势，从而推动企业组织战略的实现。

纵观腾讯 18 年的发展历程，其成功离不开组织清晰的战略定位与人力资源战略的支持与协助。

从 1998 年仅有五位合伙人，到如今成功打造属于自己的互联网帝国，腾讯在摸爬滚打中制定出三大战略——聚焦战略、泛娱乐战略和双打战略，当互联网行业也陷入红海竞争时，三大战略成了腾讯征战互联网的“至尊法宝”。

聚焦战略指在庞杂的业务体系中识别出自己的核心能力，把工作重心聚焦在核心能力的建设和持续优化基础服务能力方面，围绕用户的需求，提供统一的、易用的、整合式的一站式服务。泛娱乐战略指基于明星产品的内容跨界，实现多领域共生，打造出围绕明星产品的粉丝经济。双打战略是在腾讯超速发展的背景下提出的新的管理制度，即在重要的管理岗位上设置两个人，“成双成对”地搭建起互补的核心领导班子，保证公司决策层的稳定和企业发展的健步如飞。

三大战略一方面促进了腾讯在互联网行业中的飞速发展，另一方面也对人力资源提出了更高的要求，企业战略的落地与实施需要更多的人才储备，如何培养更符合公司战略需求的人才，保留企业核心人才，成为腾讯亟待思考的问题。

在这样的背景下，腾讯选择了高投入、促增长的成长导向的人力资源战略，从选、育、用、留、出等多方面入手，为企业战略的落地打造核心人才梯队。

腾讯于 2015 年结合企业战略从人才和组织两个维度出发，制定了人力资源两大战略方向——保持人才攻防的绝对优势、提升组织活力，同时 HR 三支柱下的各个部门又根据人力资源战略制定全年关键目标，通过从组织到部门，再到个人的目标分解，推动企业战略的落地。战略承接关系如图 4—6 所示。

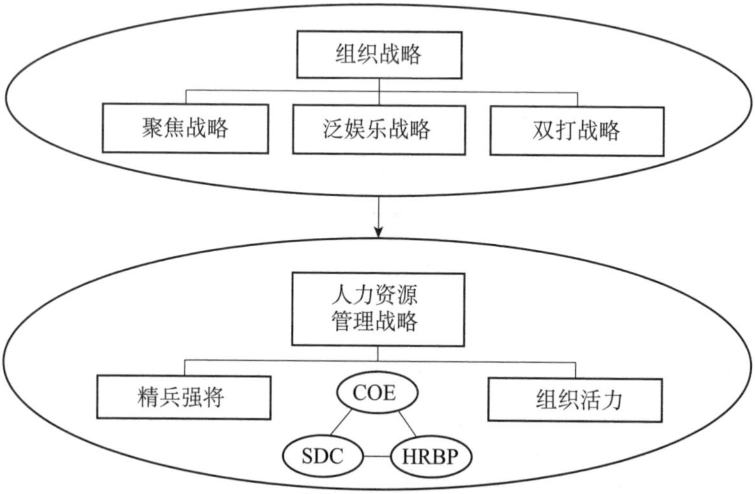

图 4—6 腾讯的组织战略与人力资源战略

人才战略下有三个关键项目。(1) 强将+精兵项目，主要是持续引进优秀人才。(2) 好成长项目，主要是促进员工职业生涯发展、提升员工的专业岗位成就感和影响力。(3) 好回报项目，主要是提升关键人才回报的竞争力。

组织战略下主要有四个关键项目：深化提升组织活力项目；正向引导干部行为，激发干部正能量项目；深化干部授权项目；强化沟通项目。

基于两个人力资源战略重点方向，在系统层面腾讯集中三个支柱的力量分别从不同维度共同推进关键项目的实施。例如，为实现人才竞争力的提升，COE 主要从战略层面出发，扫描战略领域的强将人才并建立联系，通过推动业务管理者与强将人才的沟通对话助力业务发展，建立强将人才的多样化交流、引入通道。同时，通过广开源与精甄选，建立招聘质量的评估与跟踪方法，持续提升招聘效果。

HRBP 主要从业务层面出发，打造强有力的雇主品牌，吸引优秀人才。同时针对业务产品的招聘需求，以定制化渠道开源、定制化流程甄选、定制化薪酬吸引，引入强将助力业务快跑。搭建精兵强将资源池，根据市场行情定期进行人才更新。

SDC 主要从服务出发，打造助力业务部门进行人才选拔的招聘服务产品以及提升员工满意度的产品专案。通过人才早市、简历库盘活等产品帮助企业以更高的效率挑选更合适的人才。通过打造区域茶馆、管理者俱乐部、新员工入职体验极致项目，促进员工对组织战略、企业文化的理解，提升员工的工作满意度，从而提升企业的员工保留能力。

腾讯的三个支柱分别从不同的方面推动关键项目的实施，通过高投入的人力资源管理方式，搭建高匹配度的人才梯队，从而助力企业实现其终极战略。

SDC开辟新时代：一切以用户价值为依归

腾讯HR三支柱模式中的COE，HRBP，SDC各具特色，例如SDC是对SSC的升级突破，以用户价值为依归，可以说SDC开辟了一个全新的共享交付时代。

腾讯认为，传统的SSC是一个舶来品，是福特、GE等根据美国的情况在工业发展时代提出的一个概念。但实际上，中国现在的环境已不同于SSC提出时的背景，处于“互联网＋”时代，行业的快速发展，个体的个性化追求，用户需求的多样化……这些都对组织和人提出了全新的挑战，中国的企业、人力资源从业者该如何应对这一环境？我们该如何去面对这一挑战？基于对这些问题的思考，腾讯开启了SDC的探索之路。

SDC的转型起源于时代背景的变化与用户对HR需求的提升，同时它又以用户需求为核心，希望为组织及员工提供稳定、可靠、可依赖的HR服务，打造体系化、可持续、一体化的HR服务交付平台，推动企业内自管理、自驱动和自组织形态的成长成熟，用大企业平台、小公司精神应对挑战。

如果用一句话来简单地概括如何升级SDC，就是：把原来只是去考虑事务性的工作、被动响应的SSC，升级成对COE，HRBP的内部客户，业务部门、管理者、员工等内部用户需求的深度挖掘，在彻底理解内外部需求之后提供一个超出预期的交付。

腾讯的SDC在不断地发展，未来也不会一成不变。对于

SDC的未来，腾讯从五个方面勾画了一幅蓝图，提出五个“新”。

- 新组织：要有一个合适的组织架构来体现交付链条的产出。
- 新属性：应该对SDC的工作赋予新的属性，让SDC工作更有用户属性、产品属性以及好玩儿属性。
- 新模式：要有科学合理的HR交付模式来支撑从需求出发实现超预期交付的过程。
- 新工具：要会用先进的工具和手段来提升交付的便利，以及辅助决策和可持续运作。
- 新能力：SDC员工要在基本的选、育、用、留、出方面，逐步具备HR交付管理的知识和技能。

别让HR三支柱成为三个象牙塔

在瞬息万变的互联网行业，腾讯一直鼓励员工进行个性化创新，在以保证其行业竞争优势。

为了鼓励员工的个性化创新，为用户创造最好的产品体验，腾讯在内部引入竞争机制。在这种竞争环境下，各个业务部门独立运营，部门之间的业务内容和产品类别存在一些交叉。公司内部有统一的运营支持系统和平台研发系统，两个系统内部的数据和资源都是共享的，各个业务部门可以根据自己的需要获取相对应的数据信息，并且根据市场的需求和团队自身的技术优势独立研发产品。同样，腾讯的HR三支柱之间也存在这种竞争关系。

这种竞争模式鼓励员工进行个性化创新，为用户创造更好的产品的同时，也产生了一些不必要的竞争、资源浪费等负面效应。例如，腾讯对于大数据人力资源管理的探索。腾讯在 COE 和 SDC 两个 HR 支柱内部都设立了部门或团队进行大数据分析，因此两套 HR 班子都做离职分析，而最终只有一个项目得以保留，这在一定程度上导致资源的浪费和工作内容的重叠，降低了企业的效益。在这种背景下，原本应该相互协同的三个支柱变成了相互独立的关系，各自处在自己的象牙塔中，无法取得一加一大于二的效果。

如何才能让腾讯 HR 三支柱相互协同发展的同时保证企业内部的创新氛围？这需要腾讯 HR 三支柱在开发 HR 产品、提供 HR 服务时首先从企业的人力资源管理对 HR 三支柱的整体规划出发，完成既定的战略目标。在推动战略落地，完成既定目标后，再深度挖掘内部客户新的需求，借助自身资源优势，创新性地满足内部客户需求。这个过程不同于一上来就想着如何通过各自支柱的资源优势率先在 HR 三支柱中占领先机、分割利益。

华为的 HR 三支柱：以需求为牵引

1987 年，华为在深圳成立，做香港一家用户交换机公司的销售代理。1994 年，在群雄争霸的通信行业，面对巨人般的竞争对手，任正非提出“通信行业三分天下，华为将占一分”。为了在人才队伍方面取得优势，从 20 世纪 90 年代初开始，华为逐步将员工的薪资提高，相比市场平均月薪 1 000 元的员工工资，华为同等职位的薪水达到 5 000 元，可见，当时的华为就深刻地认识到了人才的重要性，这一举措也对人才产生了强大的激励效应。到 1997 年时，《华为基本法》明确公司要“成为世界级领先企业”，并用 103 条规定阐述了公司的经营管理制度，构筑公司未来发展的宏伟架构，而且强调对人力资本的重视，“人力资源管理的基本目的，是建立一支宏大的高素质、高境界和高度团结的队伍”。进入 2017 年，华为的目标是：销售额达到 700 亿美元[①]，搭建起信息产业未来的伟大格局。

20 多年来，华为在梦想的牵引下踽踽独行，一次又一次实现突破，不断从一个胜利走向另一个胜利。凭借人力资本驱动和创新驱动，今天的华为，已经成为通信行业世界第一，成为行业的领先者。[②]

人力资源战略发展与 HR 三支柱

从 1987 年华为的创立到 30 年后的今天，伴随公司发展，华为人力资源管理一直发挥着重要的支撑作用。基于业务的不断拓展延伸和人员规模的持续扩大，华为的人力资源战略发展历程主要分为四个阶段，如图 4—7 所示，各个阶段有着不同的特点。

---

① 宋劲松，彭剑锋，吴春波，等．“＋时代管理”人的一场革命．北京：中国计划出版社，2015.

② 彭剑锋，陈春花，周其仁，等．黑天鹅在咖啡杯中飞起．北京：中国计划出版社，2016.

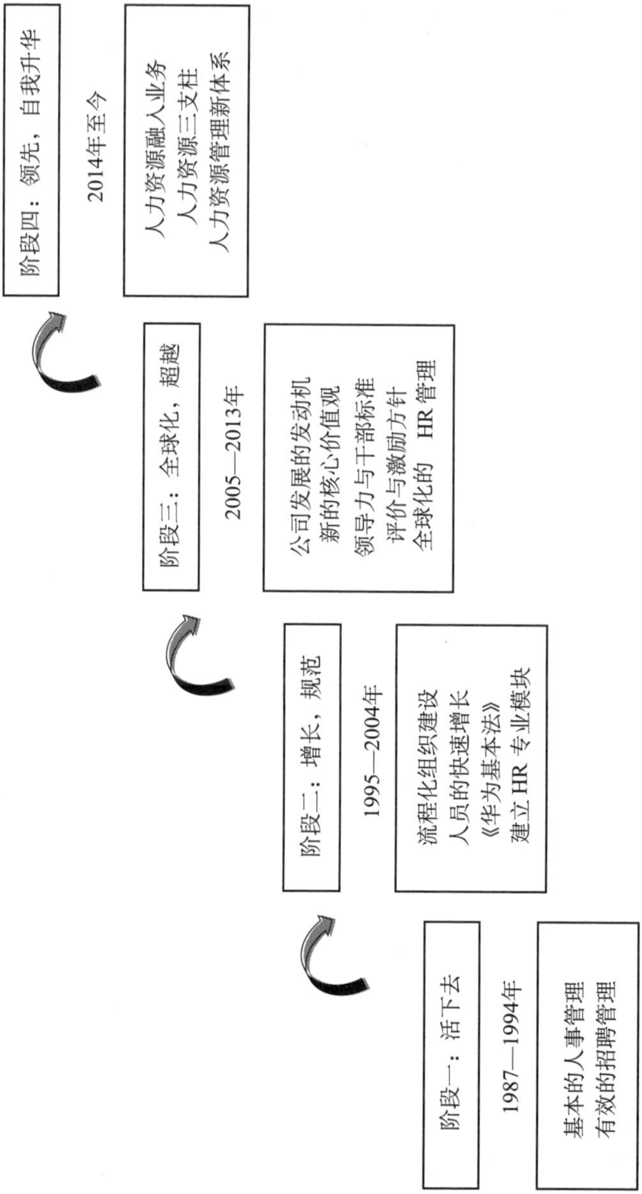

图4—7 华为的人力资源发展战略阶段

(1) 阶段一：活下去

1987 年，华为从销售代理起步。作为通信设备行业中众多企业之一，“活下去”成为华为的核心目标，基本的人事管理和有效的招聘管理是这个时期华为人力资源管理的主要任务。

(2) 阶段二：增长，规范

1994 年，任正非提出“通信行业三分天下，华为将占一分”的宏伟目标，清晰的战略愿景加上行之有效的业务策略，华为的主营业务在国内市场快速增长，十年间销售额从 15 亿元增长到 462 亿元，员工也从 1 200 人增加到了 2.2 万人。具有前瞻意识的华为公司，早在 1995 年左右就开始基于过去和现实对未来成功之路进行探索，历经 3 年，以企业内部宪章的形式，制定《华为基本法》，对公司的未来发展作出全面的规范。同时，华为积极学习国内外成功管理实践，从 1997 年开始全面引进世界级管理体系，如 HAY 的职位与薪酬体系、Tower 的股权制度、IBM 的 IPD（集成产品开发）和 ISC（集成供应链）流程化组织建设等，并在人力资源管理方面逐步建立和完善专业模块。

(3) 阶段三：全球化，超越

2005 年，华为开始走向海外市场。为实现全球化、超越国外产业巨头，华为在人力资源管理方面加大投入，使人力资本成为“公司大发展的发动机”，在培育新的核心价值观基础上，建立领导力与干部标准，完善评价与激励政策，搭建全球范围的 HR 体系应对全球化挑战。

(4) 阶段四：领先，自我升华

2014 年，华为走到了行业的领先位置，基本实现全球化运作，此时其人力资源管理的战略目标是领先与自我升华。

实际上，结合人力资源管理领域的变革趋势，早在2009年，华为便开启了HR三支柱的探索道路。到2014年时，华为的HR三支柱（见图4—8）日趋成熟，充分发挥了对公司战略和业务的支撑作用。

在向HR三支柱转型升级之前，处于行业领先位置的华为，面临着更多未知的挑战，组织内外部的变化为人力资源管理提出了新课题。尤里奇主张，“人力资源部的意义不在于做了多少事情，而在于给企业带来什么成果——帮助业务创造多少价值，为客户、投资者和员工提供多少增加值。”基于这种理念，华为的人力资源管理变革围绕着“客户满意度、人力资本投资回报、员工价值同步提升”的目标，全面引入IBM的HR三支柱模式，建立起“增长、效率”导向的HR业务管理架构，并致力于成为公司业务部门的伙伴。

区别于过去职能化的人力资源管理架构，华为的HR三支柱模式进一步强调对客户需求和业务需求的关注，通过HRBP对业务需求的承接，有效整合并实施人力资源解决方案。COE的功能更多地在于提供专业化的支撑；SSC则以服务为导向，致力于实现卓越运营的HR服务交付（见图4—9）。

将HR三支柱与各职能模块综合起来看，实质上，华为的HR三支柱体系强调对业务部门的支撑作用。HRBP扮演核心价值观传承的驱动者、战略伙伴和解决方案集成者等重要角色，针对公司战略、业务痛点和需求，提供包括高绩效组织、领导力、人才供应、激励、企业沟通和全球化支持等六个方面的专业解决方案。

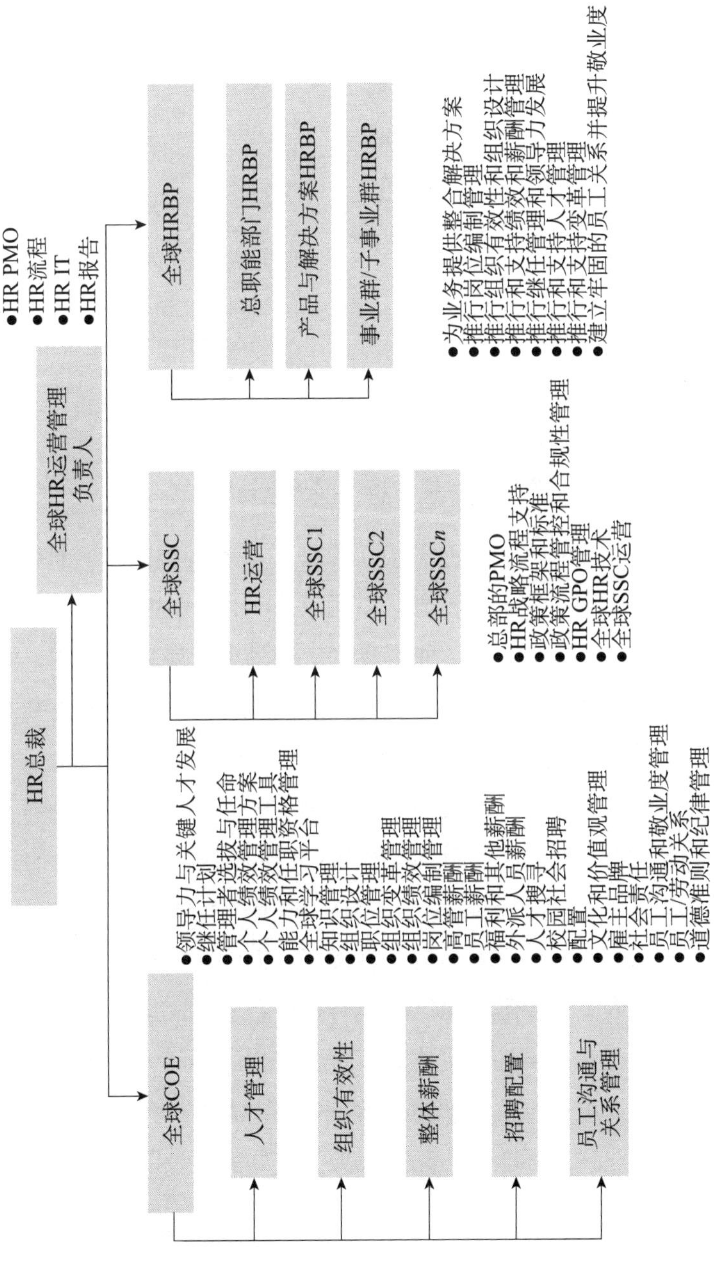

图4—8 华为的HR三支柱

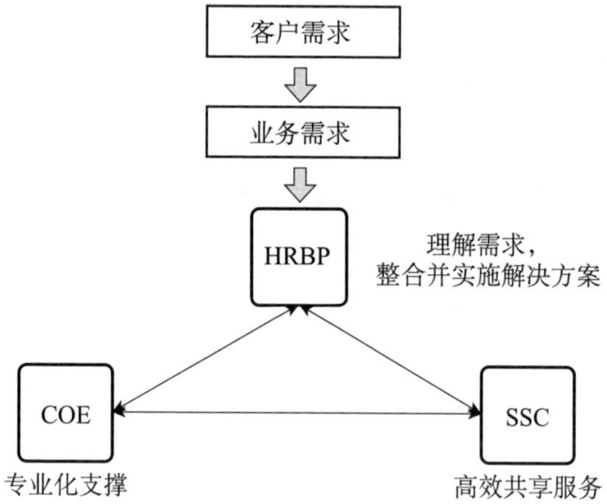

图 4—9 华为 HR 三支柱的特点

在团队、职能部门、业务模块和公司等不同层面上，HRBP关注的焦点和解决方案也不同。以团队为例，HRBP 主要关注团队绩效、人员管理技巧、工作满意度、激励和归属感等问题，相应地，其人力资源解决方案也聚焦在以上这些方面。而越往高的层级，所关注的焦点则更多地体现在组织变革、领导力层面。

在 HR 三支柱中，COE 专注于 HR 的核心专业能力，致力于成为 HR 战略贡献者、设计者、管控者以及技术专家，其价值主要体现在不同人力资源政策与制度设计上，具体包括组织有效性、招聘与配置、学习发展与任职管理、整体薪酬、领导力与人才管理、个人绩效管理、员工沟通与关系管理等职能模块。

SSC 即 HR 三支柱中提供共享服务交付的中心，工作内容涵盖员工服务受理、SSC 内部运营管理、HR 流程事务处理三个方面。通过专业化、标准化的高效服务，SSC 能够及时准确地把握需求，支撑业务发展。

成长导向的 HR 三支柱

以增长、效率为导向的 HR 业务管理架构，与华为战略导向的成长模式有密切的联系。华为的人力资源管理战略与业务战略对齐，指的是 HR 运作模式受业务驱动、HR 战略立足于业务发展的需要。成长导向的 HR 三支柱与以下几个方面息息相关。

（1）支撑业务战略的需要

华为的竞争优势来源于其战略导向的成长模式。20 世纪 80 年代后期，作为通信设备行业的企业之一，华为开始从国内市场起步。在业务方向上，华为并不局限在低端产品的代理和仿制方面，而是更多地进行探索和突破。循着"模仿—创新—替代"的路径，华为在网络通信领域逐渐取得竞争优势，其资本与人力资源也得到了一定的积累。随着经济的发展及市场需求的变化，华为立足客户需求、牵引技术持续创新与进步，努力实现最终的交付价值。在这一过程中，华为始终有着清晰的战略愿景和目标，并在成功的关键要素上持续投入，提升核心技术力量、打造高绩效的人力资源体系，使组织能力有效支撑战略发展的需要。因此，在推行 HR 三支柱转型时，华为以"增长"为导向，采用高投入的成长模式，以充分发挥人力资源管理对业务发展的支撑作用。

（2）高绩效文化落地的客观要求

为客户创造价值是华为存在的唯一价值和理由。华为内部对公司的运作效率和整体绩效十分关注，其价值主张也一直围绕着高绩效展开，高绩效文化是华为企业文化建设的核心命题。近几年来，在内部管理模式上，华为通过业务流程变革，提高组织运作的效率。实质上，华为高绩效文化的落地主要基于组织的简约、流程的简化，以及员工的职业化，而这些方面都离不开人力资源管理的有效支撑。当前华为的 HR 三支柱中，业务驱动的 HRBP，端到端、结果导向的 COE，以及以服务为导向、卓越运营的 SSC，协同支撑人力资源管理的战略目标，确保核心价值观的传承和高绩效文化的落地。

（3）人力资源管理价值提升的需要

在搭建 HR 三支柱体系之前，华为内部员工对 HR 的认知反映出原有人力资源体系的不足，远离业务、管控导向、缺乏咨询技能和服务效率低是其中几个主要的方面。这些不足与公司业务快速发展和员工规模迅猛增长有关。随着公司越来越大，HR 如果不能及时调整，会离业务部门越来越远。与此同时，大量行政性工作占用了 HR 人员的时间，大多数员工并没有得到很好的人力资源服务体验。

因此，从 HR 自身看，之所以进行人力资源变革、构建成长导向的 HR 三支柱，主要表现在两个方面：一方面，随着公司人员规模扩大，HR 陷入大量事务性工作，难以提供高质量服务；另一方面，公司整体人才管理复杂度增加，人力资源系统缺少协同，全球化运行存在区域个性化问题。因此，成长导向的 HR 三支柱是基于人力资源管理自身发展、推动人力资源管理的价值实现的需要。

（4）人力资源全面转型的体现

长期以来，华为高度重视与成长相关的基础性、长期性要素，人力资本亦不例外。在推行 HR 三支柱转型时，很多跨国公司优先推行 SSC，以降低 HR 运行服务的成本。而华为是在业务快速增长的背景下推行人力资源转型，全面引入 HR 三支柱模式，各中心齐头并进，通过有效的举措实现 HR 向三支柱转型升级，充分体现了 HR 三支柱推行过程中的成长导向。

华为三支柱特色：以需求为牵引

华为对组织核心价值观的描述就四句话，“以客户为中心，以奋斗者为本，长期艰苦奋斗，坚持自我批判”。

在实践中，华为人力资源管理部门的工作始终围绕着这一核心价值观展开，其 HR 三支柱转型升级也显著体现了“以需求为牵引”的特色。从人力资源管理组织结构来看，新型的人力资源体系包括 HRBP，COE 和 SSC 三大支柱，承接客户需求和业务需求，实现人力资源体系从职能型向业务伙伴型转变。在这一体系中，HRBP 发挥了重要的联结作用。作为业务伙伴，HRBP 需要充分理解业务的需求，在此基础上整合并实施解决方案。与此同时，HRBP 是华为 HR 三支柱中最能贴近业务、有效传承和践行华为核心价值观的关键所在。

对华为 HR 三支柱中的 HRBP 做进一步解读，如图 4—10 所示，HRBP 的角色定位呈现战略性、多元化的特征。

HRBP 在角色定位上体现为 V-CROSS 模型，在这个模型中，HRBP 在华为内部扮演了六大角色。

- 战略伙伴：参与战略规划，关注客户需求，将业务战略与 HR 战略联结，基于战略目标设计有力的支撑措施，并辅助实施。
- HR 解决方案集成者：理解业务诉求和痛点，集成 COE 专

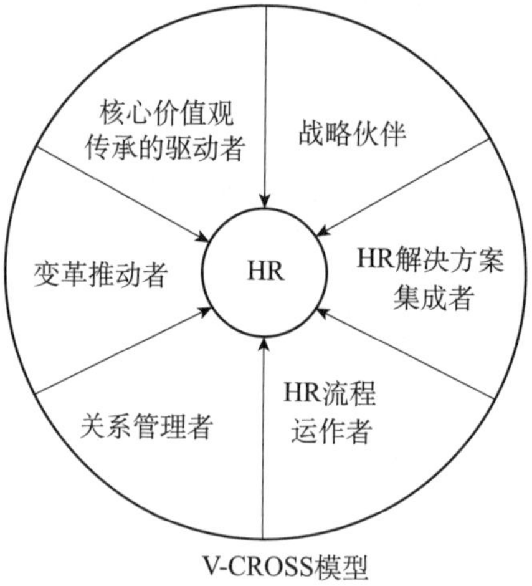

图 4—10　HRBP 的 V-CROSS 模型图

长，打破模块的界限，针对业务问题提供完整的解决方案。

- HR 流程运作者：设计 HR 流程，建立有效的运作机制，并保持高效运转。

- 关系管理者：与内外部利益相关者保持密切的沟通，建立良好的关系，引导员工积极正向思维。

- 变革推动者：理解变革需求，提前预见和识别变革过程中在组织、人才、氛围等方面存在的阻力和风险；面向未来，辅助管理层推动必要的组织变革。

- 核心价值观传承的驱动者：驱动华为“以客户为中心、以奋斗者为本”的文化落地。

从以上六大角色的定位和关键职责来看，HR 三支柱尤其是 HRBP 充分强调发挥对组织战略和业务的支撑作用，同时也体现了“以需求为指引”的特征。与此同时，华为的 HRBP 多数是由优秀的业务主管转型形成，解决了 HRBP 推行的最大挑战——业务敏感度的不足，真正发挥了对业务的支撑价值。

华为人力资源管理的问题与挑战

在长期发展过程中，华为的人力资源战略与 HR 体系对公司战略和业务发展起到了很大的支撑作用。相对国内大多数企业而言，华为高度重视人力资本的价值，也是率先进行“人力资本投资”的企业。当前 HR 三支柱模式实现了 HR 的系统化转型升级，贯彻得非常彻底。

但与此同时，未来华为在人力资源管理领域可能会面临一些挑战。

一方面，从人力资源整体而言，华为在企业文化上，需要更多地探索如何真正懂得去尊重人、营造更加开放包容的组织文化，使华为成为全球优秀人才共创价值的平台。众所周知，在移动互联网时代，乃至更长远的未来，由于人的个性化凸显，无论是企业面向的客户还是组织内部的员工，对于企业来说，这种个性化、多样性的需求都会带来新的变革和适应过程。当前，华为 17 万员工中，百分之八九十是知识型员工，这些员工追求自主性和个人成就感、追求工作与生活的融合；同时，90 后员工开始进入劳动力市场，追求个性化、自我价值实现，这些对于华为强调“持续艰苦奋斗、天道酬勤”的文化而言，实质上是一种全新的管理挑战。

另一方面，从华为的 HR 三支柱本身来看，COE 的一把手延续了 HRBP 从业务转型的策略，加上外部高端人才融入难度较大，导致 COE 专业沉淀不足的问题；SSC 定位为“标准服务的提供者”，主要负责运营管理、员工服务受理以及 HR 流程事务处理，基本覆盖员工的事务性需求，但没有使员工感受到很好的服务，员工满意度不高；在 HRBP 方面，由于 HR 三支柱转型的主要驱动力是支持业务增长，未来如果业务增长放缓，将会导致人员的冗余，因此存在很多精简空间。

第五章

中国企业HR三支柱模式及设计理念

HR THREE-PILLAR MODE

THE HR TRANSFORMATION
AND BEST PRACTICES IN CHINESE ENTERPRISES

在充满不确定性的时代，与获得一两个只能解燃眉之急的答案相比，管理者更倾向从长远思考答案的本质，从而能让自己成功应对更多未知的挑战。HR 三支柱的本质是高绩效人力资源管理系统，通过再造组织能力，让人力资源管理为组织创造价值增值、获得成果。西方 HR 三支柱模式帮助中国企业管理者、人力资源管理者厘清了三个基本关系：各部门管理者与人力资源管理的关系，HR 三支柱与传统人力资源职能模块的关系，以及 HR 三支柱间的协同互动关系。

然而 HR 三支柱模式毕竟诞生于讲理性、重事实，轻关系、弱互惠的西方世界，在融入重情感的中国文化背景时，许多中国企业出现了“水土不服”的现象。中国标杆企业进行的 HR 三支柱实践对中国特有的人情面子、关系信任、传统文化等因素进行了哪些考量，其创新背后共通的设计理念和逻辑又是什么?

谁最应该为公司的人力资源管理负责?

尤里奇在大学的 MBA 课上，对在座学生进行了一个小调查：谁应该为公司里的人力资源管理工作负责？他给出了几个选项：A. 各部门管理者；B. 人力资源从业者；C. 各部门管理者和人力资源从业者合作。

学生普遍认为这是一个无所谓对错的调查，多数人出于惯性思维和折中思维会选C。而尤里奇观点鲜明地告诉大家："C是错误的，正确答案是A!"

B选项错在哪里呢？从人力资源管理职能来看，招聘、培训、绩效等职能模块都需要管理者的推动。招聘需要业务部门管理者最终"拍板"，才能选定候选人。HR在招聘过程中只能从专业的角度、经验的角度找出候选者的问题，反馈给用人部门。HR的一项非常重要的职能是绩效，绩效管理需要战略推动，也即是说绩效管理要上升到战略的层面，要由高层牵头，HR提供政策、流程、方法。企业的绩效管理光靠HR是推不下去的。部门管理者对绩效管理负责，实际上就是对战略负责。HR三支柱中的COE除了提供政策、流程、方法外，还要在企业树立绩效导向的文化方面下功夫。

C选项的问题在哪呢？合作往往意味着各出一半力，各负一半责任。尤里奇认为，各部门管理者对公司的产出和流程负有最大的责任。他们对投资者、客户和员工都要有所交代——为投资者创造经济价值，为客户创造产品或服务价值，为员工创造工作价值。所以，他们顺理成章地应当带头使人力资源部全面融入企业实际工作中。其实，要实现这一点，他们本身就必须成为人力资源部的坚强后盾。真正的人力资源转型，将会进一步强化部门管理者在打造组织能力和人才队伍方面的责任。他们必须意识到，公司的组织能力越出色，就越能在竞争中取得成功。

回到HR三支柱的设计理念，高层管理者或部门管理者不能把HR三支柱的转型及落地推给人力资源部来做。因为HR三支柱转型不仅是对企业人力资源组织结构的创新，而且是管控模式上的创新。高层管理者、部门经理和人力资源经理必须结成转型的合作伙伴，以便迅速彻底地重新设计和确定HR三支柱的职能，从而将一个原本忙于各种活动的部门转变为注重结果的部门。

HR 三支柱间的冲突：健康大混序

HR 三支柱与职能模块的关系

人力资源专业职能管理一般分为选、育、用、留、出，或者分为工作分析、招聘、培训与开发、组织发展、绩效管理、薪酬福利、员工关系、退出管理等人力资源实践，我们通常称之为 HR 的职能模块，它是根据人力资源管理开展工作的过程链条划分的。HR 三支柱模式相比重视过程的职能化管理体系更强调人力资源管理的成果与产出，即人力资源管理能为管理层、业务团队、基层员工带来哪些管理组织、管理人员上的支持。强调结果并不代表 HR 三支柱模式推翻了人力资源管理职能，而是以人力资源的各大职能作为方法论和工具，更好地进行人力资源管理活动。

那么 HR 三支柱模式与人力资源各职能模块的关系是什么样的呢？HR 三支柱整体是一个高绩效人力资源管理系统，各支柱是一个个子系统，职能模块实际上是嵌入 HR 三支柱模式的每一个支柱之中的，即每一个支柱都从事与人力资源职能相关的招聘、培训与开发、绩效管理、薪酬福利、员工关系等工作，三个支柱在从事人力资源职能工作时的侧重点有所不同（见表 5—1）。以招聘为例，三个支柱都会涉及招聘职能的工作，但侧重不同。COE 招聘要思考招聘的渠道与资源，规划职员总数，负责管理者的招聘、猎聘，思考雇主品牌建设等；HRBP 要基于对业务的了解、业务团队的人员构成，分析各项业务最需要具备哪些胜任素质、潜质的人才，组织某些层级业务人员的面试；SSC 使用 HRBP 提供的招聘关键词，进行简历搜索和评级，这样才能体现出人力资源管理的效率。

表 5—1　HR 三支柱与职能模块的关系

人力资源系统 / 人力资源实践	COE	SSC	HRBP
招聘	人才盘点与人才规划；雇主品牌；招聘渠道与资源	内部招聘供应商（简历搜索、评级）；招聘信息系统；数据化人力资源管理	承接 COE 招聘政策；招聘、猎聘、了解、反映业务侧用人需求
培训与开发	负责培训平台搭建；逐级培训、各专业族培训、领导力培训体系设计；导师制设计；职业发展体系设计	新员工培训；区域共性问题的针对性培训；COE 培训计划承接；培训、职业发展信息系统	承接 COE 培训计划；业务培训需求挖掘与培训实施
绩效管理	牵头组织平衡计分卡（BSC）绩效管理；业内绩效管理最优实践研究；绩效评估方案	绩效评估信息系统	参与业务的关键绩效指标（KPI）设定；绩效评估落地实施；定制化绩效评估方案设计
薪酬福利	薪酬调研；薪酬策略；员工固定薪酬与短期激励；长期激励；福利；向业务提供支持；处理 SSC 升级给 COE 的员工咨询	录入计算薪酬数据；发薪；解答员工薪酬问询；窗口办事大厅	业务定制化薪酬方案落地
员工关系	员工关系政策及常见问题解答（FAQ）；解决 SSC 处理不了的员工咨询；入职、离职、异动流程管理；毕业生/实习生接收	员工关系答疑热线；窗口办事大厅；入职、离职、异动办理	承接 COE 的员工关系政策

续前表

人力资源系统 / 人力资源实践	COE	SSC	HRBP
组织发展	组织设计；干部管理（盘点、任免、评估、培养）；组织变革	对组织变动进行发文通告；在人事架构图中根据变动进行修改	通过人才诊断，配合业务的组织变革
企业文化	组织氛围，各级沟通机制；内刊		承接 COE 文化政策，在业务内部进行沟通；宣传策划；在各业务部门的记者为内刊供稿

总之，COE 内部一般仍按职能划分，属于人力资源专才。COE 侧重各职能模型政策制定与方案设计，对员工的人力资源专业问询有最终解释权，对其他企业在人力资源各职能的优秀实践进行研究。SSC 侧重各职能模块中的基础性、行政性工作，对各职能工作流程中的事务性环节进行处理，对各业务在从事人力资源职能活动中共性的工作进行整合、标准化处理。有些企业在 HRBP 这个支柱下设立职能组和 HRBP 组，职能组强调与 COE 职能的对接；HRBP 组属于人力资源通才，侧重通过 HR 专业职能素养来发现业务中的管理问题，综合运用人力资源职能方法论和工具，为业务提供更合适的问题解决方案或设计更合理的工作流程。

HR 三支柱：专业同质和目标一致的三套班子

HR 三支柱（COE，HRBP，SSC）都有一套完整的选、育、用、留、出，这会不会引起内部矛盾冲突，会不会带来工作的交叉和重叠？存在于 HR 三支柱中的这种矛盾冲突不属于内耗，而是一种健康大混序。健康大混序带来的作用和好处是：首先，三个支柱的专业背景同质，都受过科班的人力资源管理相关专业训练，知识结构、培养发展的技能相似。其次，三个支柱的目标是一致的，虽然各自的定位不同，HRBP 基于业务、COE 基于战略、SSC 基于平台和服务，但它们对外都是 HR，最终的目标都是为组织创造价值。最后，混序之后形成简单易行的方案。单从业务的价值链条来说，HR 不是价值链，不产生价值。HR 在业务的价值链里，帮助业务创造附加价值。产生这种附加价值，它最核心的功能不是去扰乱和干扰业务，而是把业务端各种各样的复杂问题在 HR 三支柱内部消化，虽然这个过程中各方可能争执得不可开交，面红耳赤，但三个支柱最终要得出一个公式，向业务部门传达的时候要用一个简单的输出，能够让业务部门得到一个肯定的答复，这其实就是一个 HR 的好处。这种好处，只靠一套班子去做好选、育、用、留、出是无法实现的。

HR 三支柱：HR“协同问题”的救世主

架构搭建：从对立到协同

为什么有些企业虽然实施了 HR 三支柱，但最终失败了呢？通过调查我们发现，这些企业的某一个支柱没有建设好，甚至根本没有搭建，例如 SSC 做得很弱。这样就有两套 HR 班子在决策：一套代表战略价值的选择，一套代表业务的策略的选择。当他们站在各自视角给出建议时，若没有第三方介入，容易让问题变成“是与非”“对与错”的两难选择，不利于决策的制定。

组织流程：从割裂到协同

职能化 HRM 各模块间缺乏协同，特别是流程上的协同。这将造成重复、多标准，无法从更宏观的视角看问题，各模块都不对最终结果负责，出现问题相互指责等。HR 三支柱，三套班子分属职能流程的上、中、下游，并不断产生新的循环。HR 三支柱让外界感受到一个 HR，而非多个 HR。HR 三支柱内有一套达成共识的标准，会使 HR 看问题更宏观、全面、系统。打破了传统的按职能划分的 HR，在面向业务时只输出一个决策，三个支柱都要为这一决策承担责任。一旦决策出现问题，也可以很容易地从流程中找到问题归属，识别谁的责任更大。

HR 三支柱中的 SSC 是组织协同的另一种表现，不同业务单元有共性的人事事务性工作，可以对它们加以整合以提高效率，节约 HRBP，COE 的时间，让 HR 从事更创造价值的工作。

人才与知识经验：从分散到协同

HR 三支柱有利于组织中人才的协同，共享知识和成功经验，这对于业务间的跨界创新起到支撑作用。HR 三支柱模式下，HRBP 更全面地了解业务，可以为业务提供所需的人才，HR 也可以将成功的组织活力诊断、组织变革等经验和知识沉淀下来，复制和推广到其他业务单元或部门。

中国企业 HR 三支柱模式

HR 三支柱理论指出，COE 要紧贴战略，制定政策；HRBP 要以业务为中心，深耕业务需求，满足业务需求；SSC 使分散在各部门的独立运作业务实现整体运作，提高效率。HR 三支柱经过 20 多年的理论和实践探索，观点逐步完善，模式逐步成型。

在大变革、大颠覆的时代，人力资源管理理念在变，内外部客户的需求在变，甚至一些常识也在变。在这种背景下，人力资源管理如果被动地适应变化，前景堪忧，只有主动求变，在变化中大胆升级，才能生存、发展，创造更大的价值。结合前沿的理论，以及华为、腾讯、阿里巴巴等中国企业在 HR 三支柱方面的实践探索，我们提出中国企业 HR 三支柱模式（见图 5—1）。

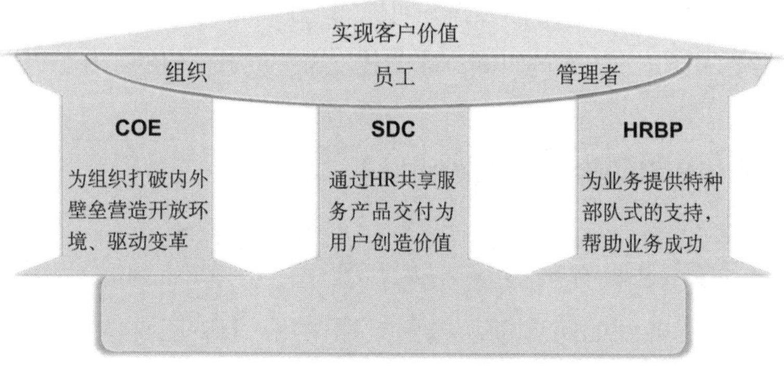

图 5—1　中国企业 HR 三支柱模式

中国企业 HR 三支柱模式的构成

从整体来看，中国企业 HR 三支柱模式是一个房屋，实现客户价值做房顶，HR 三支柱做房屋的三根顶梁柱，平台化的 SDC 托起另外两个 HR 支柱作为房屋的底盘，组织、员工、管理者等人力资源服务的对象作为房屋的房梁，三支柱不断与服务对象达成共识，使体系结构更加稳固。

从 HR 三支柱分别看，COE 创造战略价值，是 HR 的战略指挥部，为组织打破内外壁垒营造开放的环境，驱动组织变革；HRBP 创造业务价值，是深入业务的特种部队，帮助业务成功；SDC 创造平台价值，是配置作战资源的后台，通过 HR 共享服务产品交付，为用户创造价值。

从 HR 三支柱的互动关系看：

- COE 与 SDC：COE 作为战略指挥部，对 SDC 的工作起着引领指导的作用。SDC 要以 COE 制定的战略、制度、政策为依据和准则，将 COE 的具体工作通过系统化、流程化、精细化的操作落实和细化。同时，SDC 还要积极向 COE 反馈操作过程中遇到的问题，协助修正人力资源管理制度的科学性和准确性，提高人力资源管理效率。
- COE 与 HRBP：HRBP 是 COE 制定的公司战略落实到内部客户的重要中介。COE 根据内部客户的需求制定出人力资源管理制度后，HRBP 需根据业务部门的特点对其进行本地化处理，使其更符合该业务部门的情况，促进员工对政策方针的认同和理解。同时，HRBP 也需要向 COE 积极反馈业务部门的需求，帮助 COE 制定更符合业务部门个性化需求的战略和政策。

- HRBP 与 SDC：HRBP 作为深入业务部门的特种部队，需要对业务部门进行人力资源需求管理、员工沟通，从而发现最本质的问题，并且提出一个符合业务部门需求的解决方案。而 SDC 需要做的就是通过信息化技术、资源信息平台为这些解决方案提供技术支持，最终交付各个部门产品化的服务，满足其需求。

COE，HRBP 和 SDC 构成了资源流动、行为互动，有一定制度规范及联结关系的企业内部网络，COE，HRBP 和 SDC 是网络中的三个关键节点。在西方的 HR 三支柱理论和实践中，HR 三支柱重视信息资源的流动，互动过程频率较小，互惠程度较低，西方 HR 三支柱整体呈现弱联系。组织网络权威专家格兰诺维特指出，弱联系让各节点之间的差异性大增，资源多元化程度提高，信息更为丰富。这种策略在西方讲理性、重事实的工作环境中具有优势。

在重视关系的中国文化背景下，中国企业导入西方讲理性、重事实、轻关系和互惠的弱联系的 HR 三支柱理论，容易出现“水土不服”。相比弱联系，强联系的 HR 三支柱理论除重视信息资源的获取，还重视人情资源的获取，以及复杂信息的传递。图 5—1 所示的模型体现了 HR 三支柱之间的相互联系，强联系模式让中国企业的 HR 三支柱间信任感增强，使得 HR 三支柱间能够以更低的成本实现资源流动。

从信息传递的角度来看，西方的 HR 三支柱理论将三个节点等同对待，HR 三支柱各自以自身为中心获取、传递信息。而选取某个节点作为中心，中心具有数据优势，成为其他节点之间的数据桥梁、枢纽。作为人力资源数据的产生者、维护者和分析者，SDC 适合作为信息的中心节点，随着数据规模增大，能成为 HR 三支柱的大数据平台，起到支撑 COE，HRBP 的作用（见图 5—1）。同时，由于对数据高度敏感，SDC 还能从数据中提炼价值与趋势，让 HR 创造价值。

中国企业如何升级传统的 HR 三支柱

中国企业 HR 三支柱模式的升级体现在以下几个方面（见图 5—2）。

第一，视角扩展。原来的 HR 三支柱模式仅从组织内部视角强调三个 HR 支柱的组织架构，而中国企业 HR 三支柱不仅从组织内部进行探究，还从人与环境的视角，强调 HR 三支柱与技术、组织变革、人才的互动关系。全新视角的扩展促进了中国企业 HR 三支柱的突破与创新，为企业组织架构的变革注入了新的活力。

第二，平台支撑：从 SSC 升级为 SDC。传统的 SSC 仅仅是将企业集团各业务单元中所有与人力资源有关的行政事务性工作集中起来，建立一个服务中心。而向 SDC 的升级换代，最突出的特点之一是强调平台化。这里所说的平台化不仅指信息技术的发展提高了 SDC 的产品属性、用户属性、好玩儿属性，还强调 SDC 对于另外两个支柱的大数据决策支撑作用，让 COE，HRBP 都接入平台，更好地服务于整个公司的价值创造。

第三，对象清晰。原来的 HR 三支柱体系存在服务对象模糊的问题，这导致 HR 三支柱难以发挥其应有的作用。而中国企业在实践探索中更加明确了 HR 三支柱服务的对象，包括组织、人

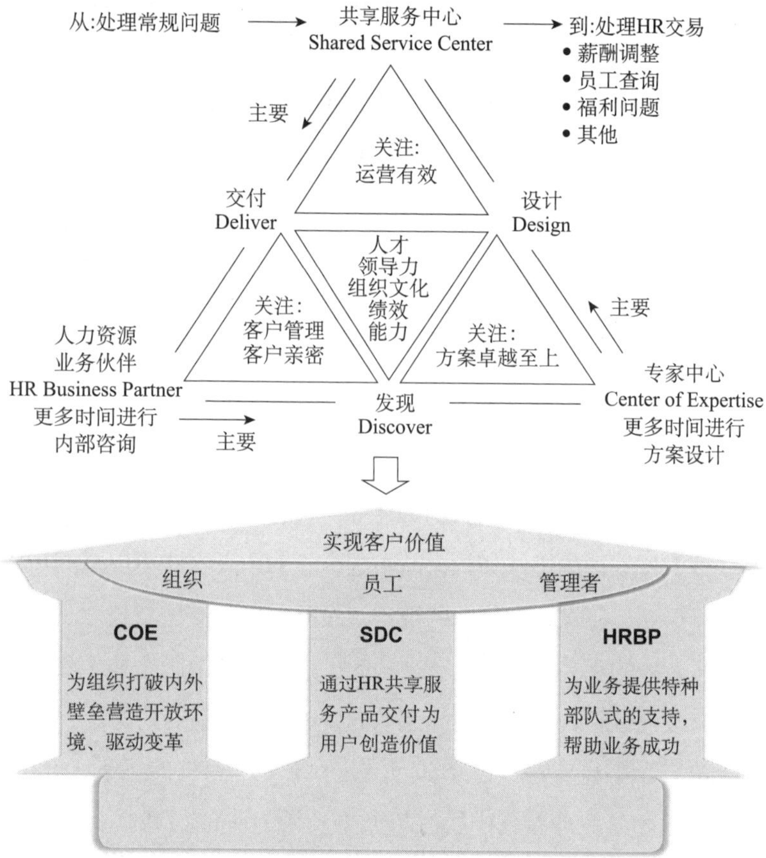

图 5—2　中国企业 HR 三支柱模型的升级

才（管理者和员工）、业务。

第四，文化内涵。HR 三支柱的房屋模型融入了中国传统“家”文化的思想精髓。“家”对中国人有着特殊的意义，从家庭到家族，到国家，再到家天下，中国人以“家”为纽带，安身立命、构建社会、管理国家、治理天下，“家”的文化世代传承。时至今日，“家”已不再局限于传统意义上血缘关系构建起来的家庭，人们也将“家”的观念融入公司管理层面。HR 三支柱中的“家”文化表现在三个支柱之间的相互支持协同发展，共同构建一座坚不可摧的组织大厦。房屋模型强调了 HR 三支柱的整体性，三个支柱不是完全独立的分离状态，它们既有侧重地对接组织中的不同层面，同时又相互支持共同支撑起整个组织大厦。少了任何一个支柱，房屋都可能面临崩塌的危险，三支柱缺一不可。

第六章

战略价值的选择：COE的设计与实践

人力资源管理者难以为组织提供有价值的战略洞察，这让HR饱受质疑。企业希望HR能分析组织的活力与人才战略。作为战略价值选择者的COE能否为企业提供这些方面的洞见？COE指挥着人力资源管理与战略衔接，对人力资源专业职能进行研究与创新。COE与传统人力资源管理有何不同？

COE是HR的战略指挥部

人力资源领域经历过四次浪潮：人事管理，人力资源管理，战略人力资源管理，人力资本价值管理。前三次浪潮的改革推动了人力资源领域由传统的行政职能转变为更具专业性的职能，提升了人力资源专业人才的技能，使得他们可以应对挑战，将他们正在学习的东西与业务上面临的真实问题结合起来，发展的领域包括薪酬管理、绩效管理和领导能力开发等。

第四次浪潮强调的是人力资源从业者日益突出的责任，能否成为顺应外部潮流与市场环境的观察者很可能影响业务成败。它的焦点以前一个阶段为基础，超越了战略而将其业务、商业环境和利益相关者进行匹配。

如今人力资源从业者通过观察组织外部的情况，基于卓越的技术与战略建立了自己的信誉。他们需要学习如何帮助组织提高其业务的市场份额、投资者的信心、社区信誉及财务绩效。

在中国，HR 转型不仅需要 HR 自身转型为 HR 高手，还需要让直线经理成为 HR 高手，更要让企业家成为 HR 高手。让 HR 人员成为创造价值和取得成果的 HR 高手，意味着 HR 不能再沉迷于自己的专业中，不是简单地招聘、培训、发工资和做考核，而是以更多的战略思维和业务视角开展 HR 工作。HR 是否有勇气放下手中的权力，将自己投入到经营单元中？管理层是否有魄力更多地从经营单元中选择具备 HR 素质的管理者成为 HR？这些问题的答案将决定能否产生足够的 HR 高手。未来的 HR 高手将更多是那些有一线工作经历的管理者。

COE 的含义、角色与职责

COE 即专家中心（Center of Expertise）。顾名思义，COE 是指以人力资源顾问、人力资源高级经理为主的专家中心、政策中心。在有些大型跨国企业，会把几个部门合称为 COE。

人力资源部门要向战略角色转型，需要针对内部客户的需求，提供咨询服务和解决方案。因此，人力资源部门需要同时精通业务及人力资源管理的各领域知识。在这种情况下，专家中心应运而生。COE 借助本领域精深的专业技能和对领先实践的掌握，负责设计业务导向、创新的人力资源政策、流程和方案，并为人力资源战略伙伴提供技术支持。对于 COE 专家，除了必须掌握人力资源领域的知识与技能外，同时还要具备极强的计划能力、项目管理能力、风险预警能力、危机控制能力、沟通能力等。

在企业内部运作中，COE 扮演着多种角色。第一，设计者。运用专业领域知识设计业务导向、创新的人力资源政策、流程和方案，并持续改进其有效性。第二，管控者。管控政策、流程的合规性，控制风险。第三，技术专家。对 HRBP、共享服务中心、业务管理人员提供本领域的技术支持。HRBP 为业务部门提供战略以及日常管理问题的咨询，会涉及人力资源的专业细分，COE 的角色是领域专家，类似于 HR 的技术专家，借助本领域精深的专业技能和对领先实践的掌握以及对企业所在行业的熟知，为 HRBP 提供技术支持。

COE 的职责很明确。一是落地集团总部的整体决策，负责企业人力资源管理重大项目的设计、实施和推广，在集团、各事业部共同推进的某些项目中做牵头人；二是对各事业部的管理目标、所需要的管理手段提供全力支持；三是负责相关管理制度和流程的创新、优化和修订；四是发现并总结推广最佳实践，为 HRBP 提供专业性的指导，从而提高整个企业的人力资源管理水平。

此外，对于跨国公司而言，由于地域不同，COE 需要为不同的地域配置专属资源，以确保设计贴近业务需求。其中，总部 COE 负责设计全球统一的战略、政策、流程和方案的指导原则，而地区 COE 则负责结合地域的特点进行定制化，从而既保证了统一性，又使得不同地区的业务具备一定的灵活性。

为什么需要 COE?

COE 的产生源自组织对人力资源管理的新需求。第一，战略需要，出于统一价值观、构建组织文化等战略目的；第二，管理需要，组织达到一定阶段时，比如各事业群相对独立，部分管理职能也需要共享以实现资源的协同、流程的协同，创造更大价值；第三，创新需要，人力资源管理的有效性在业务实施中不断被挑战，COE 需要针对具体情境，对现有人力资源服务不断进行产品化、定制化创新。

随着业务发展，集团和事业部的管理层同时发现，有一些管理需求必须要有人来实施，但这样的管理需求对集团来说是共性的或者纷至沓来的，而对事业部来说往往是项目性、阶段性的(去年不需要，明年又变了，只有今年需要)，同时又需要比较专业的管理能力；将这些工作集成起来，在某个事业部专门设置一个岗位，工作量是不饱和的，而且信息和视野是不充分的，这样的岗位应该放在集团总部，大家共用，这样就形成了 COE。

并不是在总部的人力资源部门就叫 COE（或者 SSC），COE 是若干职能的集合。这种三角形的人力资源体系，三个方面并存，平分秋色。当组织成长到这样一种阶段：发展阶段不同、管理手段有所区分的事业部逐步展开了独立的管理，且在管理实践中，通过人力资源服务积淀形成某些产品，可以复用；或者是需要开发某种公共产品、流程、体系；或者是需要统一的语言和行为来维系组织价值观和文化，此时，COE 就出现了。

COE 应该和事业部负责人同时接收到总部的管理信息，注意是同时，一方面和事业部负责人共同执行公司的大方向以及事业部的分目标，另外至少要听取（有能力的话参与）事业部负责人与总部的博弈过程，最后与事业部负责人收集、共同制定达成此目标所需要的管理需求。因此，COE 是为整个集团服务的，但归根结底，是为事业部、为业务服务的。但有一个难题：事业部的管理需求在事业部负责人和总部职能部门之间形成一个天然的瓶颈，这个瓶颈不突破，COE 寸步难行。

62%的组织在劳动力队伍规划方面对自己的评价为效力不佳，COE 作为提供人力资源服务的方式之一，将人力资本数据、专项研究和专家咨询相结合，把原先散布于各业务单元的 HR 各领域专家聚集在一起，做好充分的准备，针对企业劳动力队伍生态系统制定最佳的计划，更快速地分享其他专业能力。比如，过去，强生公司的培训专家遍布 18 个业务单元，通过流程再造，强生公司成立了员工培训中心，该中心有 12 位培训专家，他们与有需要的业务单元签订合同，提供员工培训服务。

COE 着力于与转型相关的服务，要么有助于战略执行、文化变革，要么设计和推动利于达成经营目标的人力资源活动。转型工作不同于事务性工作，要由提供 HR 专业支持的专家中心去完成，而不是并入共享服务中心。专家中心涵盖了具备下列 HR 领域知识与专长的个人和团队，如表 6—1 所示。

表 6—1　　COE 的领域与专业职能

领域	专业职能
人员招聘与配置	人力资源规划、高端猎聘、内部人才市场、社交网络招聘、雇主品牌、面试甄选、人岗匹配
培训与开发	领导力开发、企业大学、导师制、胜任素质模型、商业教练、行动学习、双通道职业发展、个人发展计划、轮岗、学习型组织、移动化学习
绩效与薪酬	绩效管理体系、岗位评估、全面薪酬、长期激励
组织变革	组织变革、流程管理、组织诊断、文化变革、流程再造
沟通传播	组织氛围、媒介渠道管理、公共关系
组织发展	干部晋升、继任计划、高绩效工作团队、设计和优化组织结构
员工关系	敬业度、满意度、心理契约、员工援助计划、离职管理、工会
企业文化	文化梳理、文化建设、企业家精神

对于这些人力资源活动，COE将先前分散于公司各业务单元的HR专家集中起来，并鼓励各业务单元使用这些专家资源解决相关问题。若没有设立专家中心，具有这些HR领域知识与专长的专家就可能永远只为个别业务单元做贡献。

COE还可以帮助组织制定人才战略路线图，评估和实施更加有效的组织设计，进行劳动力队伍规划和分析，通过职业生涯和绩效管理开发人才，通过发展敬业文化制定员工价值主张，识别关键人才并建立继任候选人名单，实现人生价值的职业生涯，通过领导力评估和发展干预措施打造人才梯队，制定并购后的人才战略等。

COE的HR专家为业务单元提供咨询服务，他们必须学习相关技术领域中的最佳实践，并应用知识针对性地解决公司问题。在复杂的跨国企业，如摩托罗拉，在某个特定地区或业务单元（如半导体、寻呼机、卫星通信），可能有多个专家中心。这些HR专家也会积极寻找和筛选能为公司提供服务的外部供应商。作为内部咨询顾问的HR专家，他们的影响力来自自己的专长，而非在公司的职位。这些HR专家可以站在公司层面通过理解公司战略、文化、历史来为公司创造价值。此外，COE的HR专家也可以帮助业务单元筛选并提供外部专家资源。

如何搭建COE?

COE的搭建是一段历程，在人力资源战略转型中，COE作为技术支持扮演着重要角色，是人力资源战略伙伴关系成功实施的重要组成部分。怡安翰威特大中华区人力资源转型业务线咨询总监李晓红认为，企业成功实施COE，需要注意以下几点。

第一，COE沟通的加强。加强HR三支柱内部的沟通与交流，使沟通变成习惯，并将几个关键沟通节点流程化，形成闭环。例如，在COE和HRBP之间形成沟通闭环。因为人力资源政策对公司的影响广泛而深远，如果COE和HRBP沟通不畅，将无法确保人力资源政策支持业务发展。COE可通过以下几种方式进行沟通协作：作年度计划时，和HRBP共同完成规划；设计时，将HRBP提出的需求作为重要的输入；实施时，指导HRBP进行推广；运作一段时间后，寻求HRBP的反馈，从而作为改进的重要输入。

第二，COE能力的提升。大部分中国企业人力资源团队中通才居多，专才不足。为了快速提升COE团队的整体素质，企业可以三管齐下：从业界招募有丰富经验的COE专家、同领先的顾问公司合作、选拔有设计经验的专才加以培养。除了专业技能，COE还需要在管控、政策、流程、方案及IT应用等硬件系统方面进行综合改进。

第三，COE资源的共享。专家资源往往非常有限，如果在每个业务单元都配备专职COE专家，人才需求巨大，很难实现。目前，77%的全球公司仅在全球或下一级组织设置COE，而不会在更低层级的组织设置COE，因此COE资源需要共享。在资源共享的过程中，需要建立透明、高效的汇报机制，这样才能使得资源使用最大化。

COE的胜任基因：用战略的心做专业的事

COE的胜任素质

作为HR三支柱之一，COE构成了人力资源管理的新职能、新职业。在外界看来，COE从事的工作可以用“高端、大气、上档次”来形容，COE掌握大量的流程、制度和方法。举例来说，COE的培训能精准掌握业界的培训动向，共享内部资源，聘用外部培训机构提供采购建议。COE的招聘能有效开拓和经营招聘渠道，绘制全国乃至全世界的顶尖人才地图。COE的组织发展能盘点全集团的干部和高潜力人才，给出灵活、快速的人才配置方案……

当前人力资源工作内容时刻面临变化，COE现在从事的高附加值、创新性工作，今后可能不断面临迭代升级，最需要关注的应该是COE工作需要什么样的胜任素质。

通过行为事件访谈、参与式观察，我们调研得出COE的通用胜任素质条目如下。

个人：政策制度的制定、人力资源专业知识、法律政策知识、人力资源咨询经历、创新意识、研究能力、战略思维、逻辑思维、批判性思维、问题分析与解决、问题发现、系统思维、目标导向、成就导向、全局掌控能力、经济管理通用知识、学习能力、自信、专家性权力运用、主导性、主动性、应变能力、国际视野、数据分析能力、抓重点能力、计划能力、降低不确定性、风险意识、底线思维。

团队：资源整合能力、领导力、授权赋能、流程管理能力、合作精神、冲突管理。

组织：组织设计、变革能力、使命愿景导向、战略影响力、目标说服、决断能力。

按照个人、团队、组织三大维度，我们对上述素质进行划分，形成了 COE 的通用胜任素质模型。我们认为现阶段 COE 发挥胜任素质需要扮演好三大角色。

- 战略家：COE 参与制定公司战略，并能够向员工解读公司战略。COE 根据公司战略拟定前瞻性的人力资源战略，制定有战略连接性的、全局性的人力资源政策、制度。
- 人力资源专家：COE 运用人力资源专业知识设计业务导向、创新的人力资源政策、流程和方案。企业中鲜见以 COE 命名的部门，COE 是对人力资源各职能模块，如招聘、企业大学、薪酬福利、员工关系等独立部门的统称。企业在进行人力资源活动时仍然脱离不开职能模块，COE 中的职能模块经常在称谓前加上字母“C”，例如招聘叫 C 招聘，组织发展（OD）叫“COD”，员工关系（ER）叫“CER”。虽然 C 招聘、COD、CER 统称 COE，但它们所做的事区别很大，是各自职能领域的专家，而非全部职能的专家。
- 研究者：COE 对外要了解行业前沿，一方面与专业咨询和研究机构共同切磋，联结战略，牵引组织发展；另一方面，对公司竞争对手的动向，特别是其人力资源战略、政策导向的调整有敏锐的觉察，做到知彼知己。COE 对内要具有发现问题的意识，能够观察到组织活力、团队配置、个人绩效等问题。在实践领域，COE 回归研究属性的趋势越来越明显。以华为和中兴为例。在华为内部，其人力资源架构中专门设计了一个隶属于 COE 的研究中心（HR Research Center），聚焦人力资源领域基础问题的研究，为人力资源政策和方案的制定提供理论依据。基于研究项目的需要，中兴在 HR 团队构建过程中，积极引进人力资源或心理学专业的博士，力图用更科学的理论知识及研究方法指导人力资源管理实践。

尤里奇：未来 COE 的胜任素质

COE 代表了传统人力资源管理的升级，HR 要更加聚焦战略，为组织创造价值。尤里奇 2012 年提出了未来 HR 要扮演的六大角色，及其背后所需要的胜任素质（见表 6—2），即：战略定位者、可信任的活动家、组织能力构建者、变革拥护者、人力资源创新与整合者、技术支持者。这也是对未来 COE 胜任素质的重要指导。

表 6—2　　未来 COE 的六大角色

角色	胜任素质分类
战略定位者	解析全球背景
	解码客户期望
	合作制定战略议程
可信赖的活动家	创造价值赢得信任
	影响他人并与其建立联系
	提高自我认知
	强化人力资源专业知识

续前表

角色	胜任素质分类
组织能力构建者	利用组织的能力
	使战略、文化、实践和行为相匹配
	创造有意义的工作环境
变革拥护者	发起变革
	维持变革
人力资源创新与整合者	通过人力规划与分析优化人力资本
	培养人才
	塑造组织和沟通实践
	驱动绩效
	建立领导力品牌
技术支持者	通过技术提高人力资源活动的效用
	利用社交媒体
	通过技术联系各方

(1) 战略定位者

COE要扮演战略定位者的角色，帮助组织在复杂的经营环境中，对产品、服务、品牌以及文化进行定位。定位不仅仅是组织转型，还涉及组织转型过程中，公司怎样抓住未来适合目标市场的发展机会。COE要帮助组织认知其在商业环境和利益相关者背景下的角色，识别、预测及判定客户的期望，以及推动战略的制定。

(2) 可信赖的活动家

COE作为可信赖的活动家通过价值创造、建立信任关系和不断提升组织角色认知水平来建立自身信誉，帮助他们的组织理解和识别构成商业机会或威胁的外部趋势。COE是组织内部可信赖的顾问，不仅要关注现有的人力资源实践，还要考虑客户、投资者、其他股东的期望，思考现有的人力资源实践能否满足这些期望。COE 不断在业务领域投入，接触新观点、创新，寻找提升人才、文化和领导力的新思路。

（3）组织能力构建者

组织能力说明一个组织的优势所在，如创新、速度、以客户为中心、效率和创新等，这些是企业在绩效方面具有长期竞争优势的保证。COE 通过定义和构建组织能力，为创造、评估并运营好一个高绩效组织提供关键支持。作为组织能力构建者，COE 应当考虑长远的战略与业务，构建通用的领导力模式。

（4）变革拥护者

变革的速度在不断提升，而变革在个人和职业生活中无处不在。在技术的推动下，用户需求、信息流动、客户和员工的期望、组织变革都在不断发生。高效的 COE 能够对组织能力进行变革，进而将这些能力转变为具体有效的变革过程和结果产出。COE 要充分把握变革的市场和商业环境，还要勇于面对利益相关者提出的反对意见，最终对变革过程达成共识。为保证变革持续推动，COE 需要整合必要的资源，包括时间、人员、设备和信息，以及过往的成败经验。

（5）人力资源创新与整合者

为了提升人力资源管理的有效性，COE 要能针对关键的业务问题进行人力资源管理的创新和整合。COE 要在实施人力资源实践时进行创新，特别是在人才管理领域。人力资源实践的创新与组织能力相匹配。然后，人力资源管理还要能匹配与整合不同的实践，从而形成新的文化。人力资源实践、流程和结构的创新整合将对组织绩效产生直接的、全局性的影响。

（6）技术支持者

COE 需增加两个技术应用的能力：社交网络和数据化决策。社交网络改变了人们联系的方式，COE 借助社交网络协调公司内部员工的相互联系，以及员工和客户的联系。此外，在一些拥有最优人力资源实践的企业中，COE 正逐渐加强数据管理的应用，例如，将信息转化为知识资产、将数据应用到决策中、将决策有效传达并使之付诸实践。这些都提高了组织运营效率，为组织创造了价值。

腾讯 COE：聚焦精兵强将与组织活力

COE 作为与公司战略衔接最紧密的人力资源部门，到底以何种组织架构形式承接战略？同样有职能模块，COE 区别于传统 HR 的战略属性、研究属性是如何体现的？在腾讯，COE 是最先成立的 HR 支柱，经过近 8 年的探索、变革，腾讯 COE 中的文化、培训、绩效等职能围绕着组织活力、精兵强将等组织与人才的战略导向，很好地支撑了组织战略的落地，其很多人力资源实践探索更是得到世界范围的认可。

形散神聚：腾讯 COE 的组织架构

腾讯 COE 由人力资源各职能构成，包括人力资源部、腾讯学院、薪酬福利部、企业文化与员工关系部，而每个部门又下设很多分支子部门。同时，COE 在企业中只是一个统称，不同部门、不同职位对 COE 的叫法也不相同，例如 C 招聘，是指 COE 的招聘职能、COD 是指 COE 的组织发展职能，CER 是指 COE 的员工关系职能，其架构如图 6—1 所示。

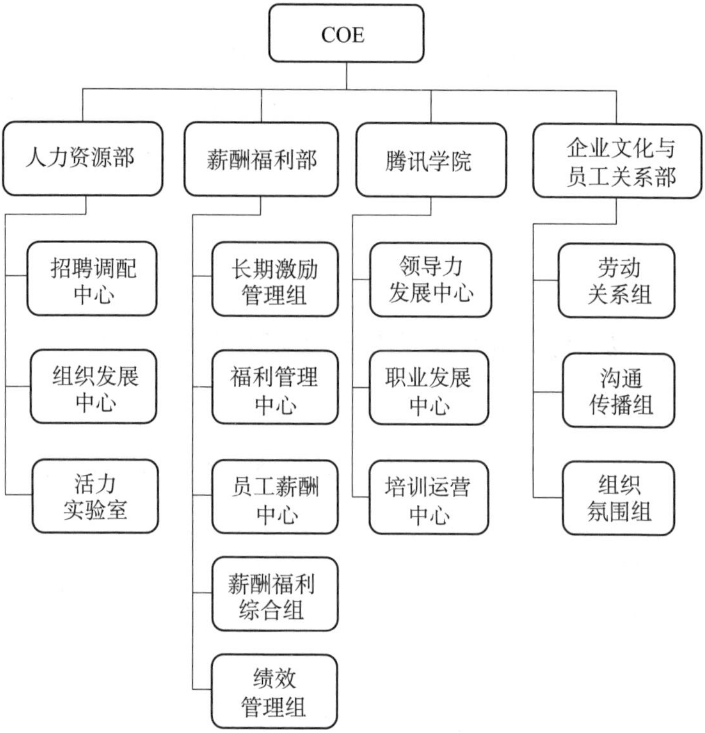

图 6—1　腾讯 COE 架构图

腾讯 COE 中有一个部门是人力资源部，这让人有些困惑，在很多企业中，人力资源部涵盖了人力资源管理所有职能工作，而腾讯的人力资源部仅是 COE 的一个部门。从公司历史看，腾讯是最先有人力资源部，人力资源部是按照传统职能的六个模块来划分的。在实施 HR 三支柱以后，几乎其他所有人力资源的新增部门都是从这个人力资源部衍生出来的，相当于对人力资源部这个母体的职能进行了剥离，但是招聘和组织发展一直保留下来。人力资源部包括三部分，分别是招聘调配中心（C招聘）、组织发展中心（COD）和活力实验室。薪酬福利部包括长期激励管理组、福利管理中心、员工薪酬中心、薪酬福利综合组、绩效管理组。腾讯学院包括领导力发展中心、职业发展中心、培训运营中心。企业文化与员工关系部包括劳动关系组、沟通传播组、组织氛围组。当然，这个结构仍在变化中。

总体上看，这些职能部门都借助对本领域精深的专业技能和领先实践的掌握，设计业务导向、创新的 HR 政策、流程和方案，并为 HRBP 提供适合业务的定制化人力资源解决方案。人力资源管理各个职能虚线划归为 COE，并不是在总部的人力资源部门就叫 COE，COE 是若干职能的集合。COE 肩负着人力资源各个职能的政策制定、专业研究等任务。

企业文化：变革有道，沟通有术

麻省理工学院（MIT）斯隆管理学院的艾德·斯凯恩曾说，了解一个公司的文化可以通过观察他们的文化制品，研究群体共同价值观等方式。走进腾讯办公场所，最主要的文化制品是 QQ 公仔，人们仿佛来到了企鹅公仔的世界，有很多绿植、锦旗奖状，还有多彩的墙面配色、宽松的工位，如图 6—2 所示。

这里员工叫作 Q 哥哥或 Q 妹妹，他们共有的价值观是正直、进取、合作、创新。腾讯用四种动物形象生动地诠释腾讯人的价

图 6—2　腾讯文化剪影（一）

值观（见图 6—3）：长颈鹿（正直）、海燕（进取）、犀牛与犀牛鸟（合作）和鹦鹉螺（创新）。

图 6—3　代表腾讯价值观的四种动物

腾讯员工高度认同公司价值观，根据腾讯内部的满意度调查，认同公司价值观这一指标超过福利、公司前景等高分项，在 41 项满意度指标中高居第一，得分比各项平均分高出 22.9%。

在腾讯，企业文化主要由 COE 下设的企业文化与员工关系部负责。COE 的企业文化与员工关系部为腾讯打造出具有鲜明文化特色和员工关爱特征的企业氛围作出了巨大的贡献。

（1）战略与架构

企业文化与员工关系部的前身是在 2008 年成立的一个企业文化委员会，后来逐步演变成企业文化部，企业文化部的使命是打造腾讯文化。在 HR 三支柱的架构下，企业文化部属于 COE 的一部分，由宣传平台组与综合项目组构成（见图 6—4）。

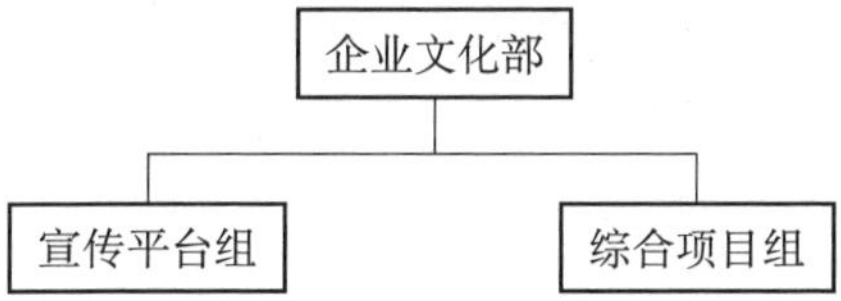

图 6—4 企业文化部组织架构

企业文化部的宣传平台组主要负责腾讯的内刊——《腾讯月刊》。此外，还运营腾讯电子刊《腾飞》《腾讯大家谈》等。综合项目组涉及文化基础建设与平台管理、腾讯志愿者以及其他项目式的文化建设工作。在腾讯引入 HR 三支柱模式后，企业文化部归到 COE 这个支柱，扮演文化宣传的专家和大脑的角色。

为什么将企业文化与员工关系两大职能并在一起呢？实际上，今天的企业文化与员工关系部是 2013 年由企业文化部与员工关系中心合并而成的。这就不得不提及员工关系中心的架构及职能。员工关系中心隶属于 COE 的人力资源部，其架构如图 6—5 所示。

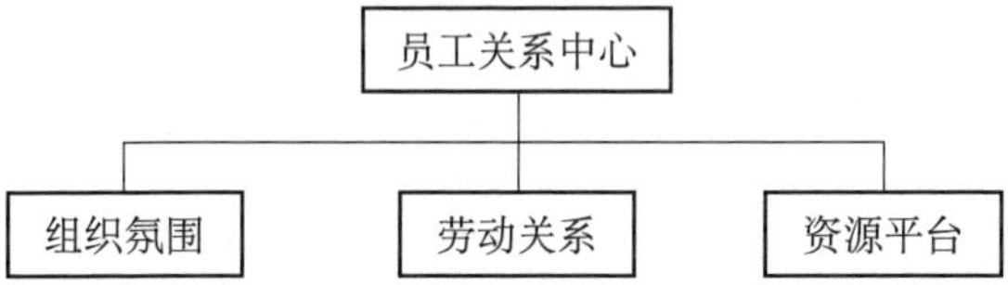

图 6—5 员工关系中心的组织架构

员工关系中心有三大职能。

第一，组织氛围，包括如下职责：职责一，员工沟通体系建设，员工和领导沟通体系，总经理办公室（以下简称“总办”）沟通平台；职责二，重大信息发布机制；职责三，荣誉激励体系；职责四，员工关怀（健康检查，健康顾问，特殊时期关怀）；职责五，礼金/慰问金管理。

第二，劳动关系，包括如下职责：职责一，劳动关系体系；职责二，用工规范、离职管理、纪律管理、户证管理；职责三，连线 HR 热线，其他职能。

第三，资源平台，包括 ER 能力、资源和数据中心。

可以看出员工关系中心承担的与总办、员工沟通，信息发布平台等与企业文化的职能有很多共性，2013 年，腾讯将 COE 企业文化部与隶属于 COE 人力资源部的员工关系中心合并为企业文化与员工关系部。企业文化与员工关系部对腾讯整个文化意识形态起到大脑的作用，是一个有知识的大脑、会研究的大脑、接地气去想问题的大脑。当前，企业文化与员工关系部主要承接组织活力战略，聚焦于强化员工职业化、强化沟通等战略的实施。COE 企业文化与员工关系部同时还起到咨询师的作用，例如，策划整个公司层面的大型文化活动，公司文化理念的宣导、影响、氛围营造，诊断、分析并提炼出文化的价值等。

（2）变革有道：从家文化到职业竞争文化

在人力资源管理上，最佳做法不是靠人治，也不是靠政策制度，而是靠文化。在腾讯，年轻员工比较多，特别是 80 后、90 后员工。管理这些员工，仅靠领导自上而下的命令，鲜有人买账；仅靠冷冰冰的条文，也收效甚微。腾讯的做法是除了提供平台之外，主要靠文化，腾讯已经打造了阳光、瑞雪、荣誉等职业竞争文化品牌活动，员工参与到文化活动的策划和开展过程中，对文化有感知和归属。腾讯文化经历过从家文化向职业竞争文化的变革过程，企业文化与员工关系部牵头进行了这次变革。

以前，腾讯文化强调家文化。对于新员工，腾讯重视宣传福利、待遇。比如在福利发放方面，考虑到员工满意度，改善员工不满意的福利，将福利做得更好；在活动感知方面，采取员工倾向的活动形式，提高员工对活动的感知，进一步提高满意度和归属感。

此外，企业对员工比较客气，大领导也像家长一样，对员工的方方面面都很照顾。

企业文化与员工关系部经常要去总办做汇报。从与总办领导的定期沟通中，COE 体会到，大领导们倾向扁平化的员工沟通方式，想让员工在与领导交流时有像在家里说话一样自然的感觉。

在这种文化理念下，腾讯的福利待遇体系也很完善，比如，堪比城市公交系统的班车线路、办公位上四处可见的 QQ 公仔、加班获得的免费夜宵券，关爱可谓无微不至，真的让员工有家的感觉，大家也以家文化为自豪（见图 6—6）。

图 6—6　腾讯文化剪影（二）

但是，企业不一样，文化导向也不一样。根据所处的业务领域不同，会有产品、运营、技术等导向，腾讯是一家产品导向的公司。企业文化与员工关系部在出台政策和主办文化活动时，也会事先做用户调研，把员工当用户，关注员工的体验。腾讯文化给公司内外部都留下了好福利的印象。

随着公司的发展壮大，腾讯的家文化存在的问题逐渐凸显：由于招聘时过于强调好福利、好待遇和一家人，吸引的员工也会格外关心福利待遇。HR 和行政等部门根据总办领导的意图，在工作中以员工满意为使命，员工的一切需求都尽量去满足，这也让员工对福利和待遇的要求水涨船高，HR 不得不逐年创出福利新花样、新玩法，而员工不会停止吐槽……

为更好地促进公司发展，腾讯的人力资源管理部门制定了文化变革的战略目标，由企业文化与员工关系部承接该战略目标，设计目标落地的方案。文化的落脚点是员工的思维习惯和行为习惯。为了让员工感受到自己在企业中应该承担什么责任、扮演什么角色，对公司的付出体现什么态度，腾讯做了很多职业竞争文化的尝试。

企业文化与员工关系部副总监张铁军认为，企业首先要让员工意识到自己的职责、责任，认识到企业不是享受安逸、消磨意志的地方，不是让员工找个安乐区舒服度日的地方，而是一个由职业化员工构成的大家庭，这样的家庭是能让人成长的。

在业绩方面，只有给予员工适当压力、让业务部门承担起必要的义务，才能真正让产品顶破土层、钻出嫩苗。腾讯的各业务部门，自由度很高，这也刺激了相互的竞争。在苹果和谷歌的应用商店中，应用一般只有排进前 50 才能盈利，排在前 10 名才能赚大钱，而要进入排行榜前列的唯一办法就是将产品做到极致。在腾讯互动娱乐事业群，各个游戏工作室之间存在激烈的排名竞争，如产品的业绩排名、员工的绩效排名。在这种压力的驱动下，员工为了取得更好的名次，会尽一切努力去做好产品。在同行业竞争方面，在腾讯实行开发战略后，内部产品要与外部产品进行公平竞争，并不会因为自身贴有企鹅的标签就能获得更多的资源和扶持。这就逼迫内部团队不断激发自己的创造力，去打赢与外部竞品之间的战争。

在招聘的策略方面，腾讯校招的宣传导向有了明显改变，以前是对学生讲公司的家文化，如好福利、好待遇。现在校招时首先明确地告诉候选者，腾讯要招的是“有梦想的实力派”。企业文化与员工关系部总监陆文卓认为，一家公司的文化怎么样，要看这家公司的宣传单、宣传册上在讲什么样的故事，选什么样的人物做代言。“有梦想的实力派”在腾讯是指：只要你的实力够强，在腾讯就没有不可能。校招宣传的内容也开始讲腾讯集团的业务发展，各事业群在行业的龙头地位等，主张用事业吸引人才。

在福利方面，以前是人力资源部与行政部内部竞争，一方出了个福利的好点子，另一方还要做得更好，两部门都以提高员工满意度为使命。但这样一味地满足员工各种需求，导致员工对福利和待遇需求的水涨船高。企业文化与员工关系部也在不断反思为什么会出现这样的问题。

赫茨伯格提出了双因素理论，双因素是指激励因素和保健因素。他认为保健因素做得不好，员工不满意，而保健因素做好了，员工也不会感到满意，而是“没有不满意”。腾讯原来的家文化强调福利，福利是保健因素。所以公司做得再多，也不会让员工满意，员工只会觉得“没有不满意”，员工对于福利的需求是一个水涨船高的过程。

有些从腾讯离职的员工感慨，在腾讯时对企业的福利不以为然，到其他企业才发现腾讯的福利有多好，以致非常不适应新的工作环境。当然，过高的福利也会对员工的职业发展产生影响。腾讯的文化变革目的是消除员工对公司的依赖性，强调职业化的文化。近两年，随着文化变革的落地，腾讯的人力资源部门和行政部门的做法是如果员工对一些福利实在抱怨不断、不满意，那就暂停这些福利。例如，员工如果对发粽子抱怨太大，那就不发粽子了，可以让员工选择其他福利。COE 的这种做法不应被误解为不听用户的意见，而是先做好用户的预期管理，HR 不会为了员工满意一味满足所有要求。

腾讯正在逐渐从倡导家文化，转向渲染职业竞争的文化，以减少家文化对于腾讯发展的影响。正是这种无处不在的职业竞争文化，催生了腾讯更多的创造力，取得了更多意想不到的成绩。

(3) 沟通有术：全民参与增进信任与企业活力

腾讯人力资源管理部门提出了提升组织活力的战略目标，其中重要的一项是强化沟通。在一个 3 万多人的企业里，公司战略、部门业务如何有效传递和准确解读是一个关键问题。

陆文卓说：“COE 企业文化与员工关系部的一项重要工作就是告诉员工，腾讯的战略如何解读。”

企业文化与员工关系部承接人力资源管理战略，制定出强化沟通、加强员工对公司的信任度和认同感的部门战略。在战略的落地规划阶段，COE 在仔细分析用户价值的基础上，搭建了三个层次的强化沟通体系的架构（见图 6—7）。

高层思想	司庆日、战略管理大会、员工大会
中层话语	事业群高管开放日
员工参与	乐问、BBS、腾讯大家谈

图 6—7　三层次沟通体系

高层思想：通过有效的高层交流活动，让员工充分了解公司战略和管理意图。

中层话语：通过部门业务及战略沟通，让所属员工充分知晓信息，认同决策，知道业务方向。

员工参与：通过营造透明的氛围、运营沟通平台，使员工敢说话，让员工声音有效传递，得到及时反馈和帮助，提升员工参与感和主人翁意识。

企业文化与员工关系部除了搭建沟通体系，还要能发现战略落地过程中可能出现的问题，智慧地解决问题。

● 如何面对不爱演讲的老板与很受伤的员工。

俗话说：又说又练，真把式；光练不说，傻把式。在大众看来，腾讯就是光练不说，总在埋头苦干。相比阿里巴巴的马云、华为的任正非，腾讯的马化腾很少对外发声。陆文卓认为，公司和领导者低调的好处是大家很务实，活儿干好了就行，不用夸夸其谈。不好的一点是像文化这类一定要发声的“喉舌”工作，很难找领导出来讲话。COE 在搭建了三层沟通体系后，在高层思想这一层面，高管每个月都要跟员工做一个分享，需要找马化腾等总办领导传达战略业务层面的导向。

做了一年后，马化腾认为：战略很清晰了，我不想月月讲，我跟员工讲也没有什么新东西了。与此同时，新一轮员工满意度结果也让人大跌眼镜，COE提供了高管与员工交流的平台，员工满意度不但没有提升，反而有些许下降。

企业文化与员工关系部针对这个问题进行了研究，他们发现，首先，老板不愿意反复讲，员工向马化腾问的问题基本围绕着领导怎么看待我的业务、未来会不会独立、我的业务会不会被出售等业务方面的具体问题。其次，高管讲的都是很高大上的内容，与基层员工的认知跨度较大。老板不停地讲公司战略方向的时候，其实对于一些与战略衔接紧密的部门及其员工来说，他们是很开心的，但对于那些离战略比较远的员工，他们听完却很受伤，有逐渐被公司边缘化的负面感受。

对此，COE提出的解决方案是一年只请老板出来讲话一到两次，届时全体总办人员面向员工做沟通。而针对员工的困惑，企业文化与员工关系部的副总监张铁军认为，应该由各事业群的领导聚焦业务层面，跟各自事业群的员工多做沟通。各事业群的领导要能想清楚事业群的产品战略，用自己的梦想去激发员工，而不是等着老板来替他讲。老板讲的是公司的大梦想，员工最多觉得这个公司可以来或来对地方了，真正触动一个员工的往往是和他有直接关系的人和团队。

有时业务部门的领导只有1.0版本的战略构想，并没有想清楚如何去讲。COE发现了问题，就以项目的形式承担了解决该问题的职责，他们向各事业群的领导赋能，引导、驱动中层管理干部厘清业务战略，向员工呈现、解读业务战略。

- 抓住员工沟通的关键：营造开放透明的氛围。

截至 2015 年 6 月，腾讯雇员数量已将近 3 万人，面面俱到的员工沟通越来越不现实，让每一个员工了解战略方向，及时向每一个员工就热议话题作出回应成了腾讯的难题。企业文化与员工关系部进行了很多沟通尝试，发现被动的沟通收效甚微，员工的主动参与却带来意想不到的收获，员工通过参与热点问题互动，就战略方向进行讨论，在关键问题上可以快速地与企业保持信息同步、决策同步。

COE 认为，问题的关键在于开放透明的氛围营造。当员工感觉腾讯沟通氛围不错、信息开放透明，能够很快地了解彼此时，他们会自觉沟通。企业文化与员工关系部运营着员工沟通平台，如乐问、BBS 等。这是腾讯内部非常知名的平台，公开透明的原则体现在，只要你不违法，平台的运营者就不会删帖。

平台经常会出现热帖。前一段时间，有一个职员吐槽腾讯的财付通，他想买一个微信的相框，用财付通支付，他当时用截屏和段子手的写法，把一系列有关财付通产品非常差的体验全部表达了出来。帖子发出后，很多员工跟帖讨论这个产品的问题，大家都不会介意指出一个内部产品或者管理方面的问题。这个问题指出来之后，马化腾回复了那个帖子，他说：财付通是很烂。当时所有人都跑到马化腾的帖子下留言：老大原来真的在这个论坛上，签名留念。在腾讯，更可贵的是，问题的抛出总会引来相关责任人的重视，并以最快速度响应问题，解决漏洞。

这些沟通平台应该让员工敢说话，愿意就公司战略进行研讨，同时员工也可以通过沟通来缓解不论是个人成长还是情感生活方面的压力。COE 的核心任务是让员工吐槽后，一定要得到及时的反馈和帮助。为此他们专门邀请一些达人帮助解答问题，尽量把员工普遍关心的问题提交给高层和业务部门的负责人去看。

- COE 不断更新学习，占领新的传播渠道。

在互联网公司开展工作时，产品和服务要具备好玩儿属性，这样员工参与度才会高。企业文化与员工关系部在选取沟通渠道时，也会充分考虑这个特点。这就要求 COE 不断充电，紧跟潮流，不断地占领新的传播渠道，达到员工积极参与沟通的目的。最近直播很火，COE 就研究直播，选取员工特别关注的成长话题、婚恋问题、职业发展问题、业务问题，邀请相关的人，以聊天的形式探讨一些事情，员工也可以通过线上和线下的互动来参与。

培养领军人才的“飞龙”方略

处于业务高速发展时期的腾讯，在各个业务领域都需要一批后备领军人才，后备领军人才的能力准备度，决定着公司的未来发展。这给现有的后备人才在领导力、商业能力等方面带来了更大的挑战。为此，COE 腾讯学院设计了“飞龙计划”。介绍飞龙计划之前，先来了解一下腾讯学院。

腾讯学院从架构上分为领导力发展中心、职业发展中心、培训运营中心等多个部分，为腾讯提供课程和培训方面的支持，如，Q-learning、导师制、职业生涯规划、领导力培训等，构成了腾讯学院的培训发展大厦，如图 6—8 所示。

类型	课程体系	经典项目
干部培训	现任中层干部培训 现任基层干部培训	飞龙 领航 潜龙 总监 育龙 辅导年
职业培训	针对不同专业族群，提供丰富的职业技能培训课程 技术族培训 市场族培训 专业族培训 设计族培训 产品/项目族培训 为大家提供丰富的通用技能类培训课程	新攀登计划 飞跃计划 创意马拉松 魔鬼训练营 名家之声 对外培训
新人培训	各业务群体展开针对性的新人岗位培训 社会招募新人岗前培训 校园招募新人岗前封闭培训 实习生培养项目	毕业生回归日 腾讯达人
Q-learning平台承载的海量在线课程供大家学习		

图6—8 腾讯学院培训体系总览图

资料来源：马永武.腾讯学院：我们是这样搭建互联网行业的人才培养体系的.人才管理知识平台，2015.

培训发展大厦针对不同层次的员工，有选择地进行培养：对基层、中层和高层干部的后备培养，腾讯也有各自的计划。中层干部后备计划叫“飞龙计划”——从视野开拓（组织他们走出去，跟行业最优秀企业交流），到岗位实践（将公司在战略、产品和管理方面最需要解决的课题交给他们），并为这些人配备优秀导师，每个项目完成情况会定期汇报，总裁参与听取。基层干部后备计划叫“潜龙计划”，高层后备干部也有专门的培养计划。每到年底，公司会做全体干部的盘点，根据情况制定改进计划。

此外，腾讯学院还推出“新攀登计划”，它是针对专业技术人员晋升专家的后备培养计划，与管理人才培养形成双通道。腾讯还有产品领军人物培养计划。从“小白”到“攀登计划”中的腾讯达人，再到提升领导力的“育龙”“潜龙”“飞龙”，腾讯学院为腾讯人提供了近 300 门面授通用课程和专业能力课程，内容涵盖职场各个阶段的能力提升。

以飞龙计划为例。飞龙计划有一套严谨的课程体系，每半年一个循环。首先，最核心的环节是三次集中的模块学习，学习模块以面授课程和沙龙分享为主。其次，为保证核心环节的效果，腾讯学院运用了行动学习、评鉴中心和产品体验等业内前沿的培训与效果评估形式。腾讯富有校园文化、书卷气息，腾讯学院充分地领悟到这一点，在飞龙计划学习结束后，为学员举办大学毕业般的结业典礼，深化学习成果，建立飞龙校友关系。最后，腾讯学院飞龙项目组进行复盘，相关的业务部门一同总结目标完成情况及培训效果，并优化下一期飞龙计划。

历经 10 年打磨与沉淀，飞龙计划搭建了包含国际顶级专家、商业领袖的师资队伍，开发了具有国际视野的领军人才培养体系。培训界最有影响力的机构 ATD 每年评选培训界的相关奖项，其中“卓越实践奖”堪称国际培训界的“奥斯卡奖”，在业内极具含金量。2015 年 ATD 将年度“卓越实践奖”颁给腾讯学院的飞龙计划。另一项数据显示，飞龙计划迄今培养了 300 多名核心管理干部，该计划是干部晋升的必备条件，公司内部 70%以上的中层管理者都是飞龙校友，COE 为公司的高速发展提供了充足的领军人才储备。

(1) 腾讯学院的战略行动

首先，腾讯学院承接人力资源战略。

腾讯 HR 三支柱承接公司业务发展战略，提出“保持人才攻防的绝对优势”和“提升组织活力”的人力资源举措。腾讯学院通过绘制部门的战略地图与平衡计分卡，对人力资源战略进行分解，强调通过干部管理能力的提升，强化后备领军人才的能力准备度，提升干部管理的有效性，培养和造就一支有主人翁精神的干部团队。

其次，腾讯学院紧密联结产品战略。

飞龙计划中的产品体验环节——“产品 PK 赛”，是第三次集中学习的重要环节。腾讯学院设计的这个环节非常具有实战性质，能辅助业务部门的产品迭代优化战略。“产品 PK 赛”要选择三款公司或投资公司的产品，让飞龙学员体验并实战头脑风暴：“假如我是产品负责人，我将怎样迭代优化这个产品?”

腾讯学院在挑选产品时，进行了三大方面的业务战略考量：第一，选择代表公司未来业务方向的产品类型，例如近两年更偏重手游产品、安全产品等；第二，由于学员均为业务方面的专家，因此，选择的产品也可以是专业性强，口碑和品质具有提升空间的产品，这对学员和产品都有更大的价值；第三，所选择的产品在市场上最好具有相同量级的竞品，如阿里巴巴、百度、360、网易等公司推出的同类产品。

腾讯学员体验完产品后，需要输出改进建议的报告，分析产品的定位、优点与不足，并进行竞品分析，最终给出产品的优化建议。

在“产品PK赛”的汇报环节，腾讯学院会邀请体验产品的第一负责人来到现场，聆听学员的“找茬”，听取有价值的建议，并对学员分析中不足之处给予反馈和建议。同时，产品负责人也会提出自己的困扰，现场学员再次进行头脑风暴，提出具体的解决方案和建议。每年，在这个环节结束后，腾讯学院也会回访产品负责人，大部分产品负责人对这种学习方式非常认可，也感谢学员对产品提出了很好的优化建议。

最后，腾讯学院设计与高层的战略沟通。

腾讯希望通过飞龙计划让学员有更多机会接触到高层，从而对战略有更深刻的理解和思考。在每期项目开班时，项目组都会安排“总办面对面”环节，让学员与高层进行两小时左右的坦诚沟通。

现场不乏尖锐的问题，例如学员会提问：我不是很理解这项决策，总办是不是没有考虑到可能带来的问题？能不能请您为我们讲解这样决策的原因？通过这样的对话，不仅能让学员真正了解战略决策背后的思考，也能帮助学员站在公司层面，而不是从单个业务层面来看问题。此外，在行动学习环节，与学习主题相关的高管也会介入，与学员进行深入探讨和沟通。

(2) 腾讯学院的专业实践

首先，是COE目标导向的培训设计。

腾讯学院在飞龙计划的课程设计方面是非常目标导向的，对于在每个环节提升领军人才的哪项胜任素质有清晰的设计与规划，见表 6—3。

表 6—3　腾讯学院目标导向的飞龙课程设计

飞龙计划环节	培养目标
第一次集中模块学习	认识自己、战略决策、前瞻视野、商业意识等素质
第二次集中模块学习	团队管理、变革管理能力等素质
第三次集中模块学习	产品能力、拓展视野等素质
电商战电脑模拟环节	市场营销、用户分析、经营决策、财务等知识
行动学习环节	跨界思考、前瞻分析、解决复杂问题等能力
沙龙分享环节	风险管理意识、危机应对技巧

飞龙计划第一次集中模块学习以帮助学员全面地认识自己，提升战略决策、前瞻视野和商业意识等为目标。飞龙计划的第二次集中模块学习以加深学员的团队管理、变革管理能力为目标。飞龙计划第三次集中模块学习以提升产品能力、拓展视野等为目标。飞龙计划的电商战电脑模拟环节以市场营销、用户分析、经营决策和财务方面的知识吸收和沉淀为目标。飞龙计划的行动学习环节以提升领军人才的跨界思考、前瞻分析、解决复杂问题等能力为目标。飞龙计划的沙龙分析环节以提高风险管理意识、危机应对技巧为目标。

以第一次集中模块学习为例。飞龙计划的评鉴中心采取公文筐、团队会议和下属辅导三种测评工具结合的方式，在一天时间内迅速诊断学员在综合管理、战略决策和前瞻思考等方面的能力水平。

为贴合腾讯本身偏于前瞻、软硬件结合的业务性质，飞龙计划选用高科技企业的背景案例，提供了一份非常详细的企业情况说明，将学员置身于尽可能真实的模拟企业环境中。这份企业说明包含企业规模、经营理念、文化价值观、核心业务、行业地位、主要竞争对手，以及各细分业务领域的经营数据和分析等诸多详细信息。在阅读完背景资料后，学员将迎来公文筐、团队会议和下属辅导三项任务。

第一项是公文筐模拟，主要模拟日常管理决策的场景，要求学员在2小时内阅读10封邮件并解决其中的问题，邮件中所描述的场景浓缩了团队与人才、跨部门合作、供应商问题、商业机会等企业常见的各类经营问题。

第二项是团队会议的挑战环节。4～5名同一级别的学员，在阅读了更详细的企业经营核心数据后，要拟定出企业未来3年的战略目标，以及未来1年最重要的工作。每位学员需表达自己的观点，然后进入团队讨论阶段，最终找到适合企业未来发展的战略目标与重点工作。

第三项是下属辅导环节，侧重考察学员的下属辅导能力。在这个环节中，学员模拟新上任的管理者，收到了很多关于下属问题的不同方面的反馈和投诉，包括下属在跨团队合作、团队管理中的问题。学员需要在45分钟的沟通中帮助下属认识到自己的问题，并且找到应对目前挑战的解决方法。

特别值得一提的是，飞龙计划的评鉴中心已经完全内化，腾讯学院不仅培养出一批内部的测评师、演员和工作人员，还实现了测评报告的内部撰写，是企业内部的咨询方案提供者。这些由内部的中层管理者和专家组成的测评师队伍，因为更了解腾讯的工作方式、管理风格和业务挑战，所以给出的学员测评反馈和测评报告也更有针对性，为学员未来的工作和发展带来更大价值。

其次，COE 立足专业基础，探索领域前沿。

COE 要想让培训更有效果，为组织创造价值，深厚的专业功底是必不可少的。腾讯学院的人才熟练掌握人力资源基础知识，与此同时他们还主动探索催化培训效果的前沿理论。

腾讯学院在飞龙计划中引入了当前培训领域前沿的行动学习、领导力教练等理念、方法。飞龙计划至少每两周进行一次行动学习。由各组学员自行制定研讨任务，分配课后作业，最终输出完整的解决方案。在行动学习过程中，腾讯学院的人才结合领导力教练技术，为行动学习小组搭建“行动学习教练团队”。团队有三个不同角色。Sponsor：跟研究话题最相关的高管，他们会跟学员沟通该课题的研究背景、对公司的价值，以及研究成果的建议方向，并起到问责人的作用，推动行动学习方案的落地实施。战略辅导员：通常为战略发展部的专家，他们最了解该领域目前的成果、参与者，存在的挑战和机会，确保学员在研究领域内找到比较合理的解决方法。团队教练：教练强调进程大于结果，腾讯学院为每组都配备了一名资深 HR 同事作为团队教练，他的职责是提供准确的行动学习流程、工具，把握行动学习氛围、节奏，这样学习效果会在一种“自然”的状态下促发。

由于飞龙计划是面向各业务领域的管理者，他们面对的管理问题不单单是人力资源管理问题，还要从经营环境、竞争战略、组织文化、组织架构、市场营销等多方面分析问题，因此腾讯学院的人才为了设计更贴合客户需要的培训场景、素材，还要掌握经济管理通用知识。

最后，不断突破创新为学员创造价值。

为了提升学员的培训体验，促进培训的效果，腾讯学院的飞龙计划在 10 年内不断创新。无论是结合移动化、增强现实/虚拟现实（AR/VR）技术，还是跨界引入体育活动，都反映出腾讯学院对设计思维的重视。通过引入棒球、橄榄球等体验式学习活动，腾讯学院希望学员活动之余提高团队配合、策略制定，甚至分析竞争对手战术和对策等意识。学员也能通过活动反思很多日常工作中的不足并优化思考。体验式学习不仅能更好地促进学员间的相互了解和团队合作，也能让学员意识到自己的不足，并"自然"地发生改变。

第七章

业务策略的选择：HRBP的设计与实践

HR THREE-PILLAR MODE

THE HR TRANSFORMATION
AND BEST PRACTICES IN CHINESE ENTERPRISES

在推动业务战略执行落地、提高员工贡献的过程中，HRBP扮演着“政委”角色，从事着“特种部队”的工作。HRBP关注员工的需求，并基于工作要求帮助他们获取资源，从而有效地促进业务部门目标的达成。做一名绩优的HRBP需要具备哪些过人之处？中国企业有哪些HRBP的创新实践？

HRBP是HR的特种部队

HRBP与传统的HR的区别：什么是HRBP？

随着社会的发展，企业对人的认识和管理的方法不断发生变化。HRBP的理念源自戴维·尤里奇1997年提出的HR三支柱模式。如今HRBP已经成为业界热词，其概念走向时代前沿，昭示着人力资源管理的重大转型。那么HRBP与传统的HR到底有什么不同？

从字面意思来看，相对于传统的HR，HRBP增加了“BP”这一部分，即Business Partner，译为“业务伙伴”。HRBP与传统的HR最重要的区别是HRBP身处业务部门当中，把业务单元当成自己的首要客户，对业务有深入的了解，协助业务部门制定人力资源计划，在精通人力资源知识和技能的前提下，帮助组织分析业务与人才发展等方面的问题，提出解决方案及落实举措，推动方案的实施。总的来说，作为组织战略的业务伙伴，HRBP不是为了 HR 管理工作而工作，而是为了业务的发展去开展工作。①

具体来讲，HRBP 与传统的 HR 存在以下几个方面的区别。

（1）从 HR 个人角度讲

首先，传统的 HR 对人员素质的要求基于事务性工作，要求理论基础扎实，具备良好的沟通能力、逻辑思维能力和学习能力。其次，传统的 HR 习惯于业务模块分工，主要处理任务型工作，倾向于单打独斗，在职能部门做事务性工作，习惯了内部约束条件，很难去突破岗位和职责边界。以上这些特点导致了传统HR 发展的局限性，由于跨专业存在壁垒，因此传统的 HR 职业天花板的现象较为明显。

而 HRBP 在胜任素质上首先要求对业务有深入的了解，甚至有很多 HRBP 是从一线业务人员转型而来的。其次，HRBP 是HR 通才，可以熟练应用 HR 各模块的知识和工具。HRBP 对团队性要求更高，与业务搭档紧密合作，与员工抱团，与业务共成长。HRBP 还需要洞察行业、产品和客户的发展趋势和变化，策略性地调整 HR 举措以满足动态的需求。最后，HRBP 以目标为导向，工作具有很大的突破性。以上这些特点决定了 HRBP 具有良好的发展性，HR 领域与业务领域交织，扩大了职业晋升的范围。

（2）从 HR 组织角度讲

从组织形态来看，首先，传统的 HR 与业务部门分离，彼此

---

① 徐升华．解密 HRBP 发展与体系构建．北京：企业管理出版社，2015.

之间相互独立，因此传统的 HR 参与业务部门工作需要跨部门，走各种流程，速度很慢。其次，从功能定位来讲，传统的 HR 往往属于成本控制型，以最小的成本做更多的事情。最后，从组织灵活性来讲，传统的 HR 自己“生产”HR 内容并将其输送到业务线，决策主要是自上而下的，导致组织灵活性较差。

而 HRBP 在组织形态上与业务部门融为一体，因此 HRBP 融入业务不需要跨部门，响应快，速度感强。在功能定位上，HRBP 属于增长导向型，他们坚持投入以帮助业务部门解决问题，促进组织发展。此外，HRBP 融入业务，很多时候决策权在下面而不是等着上面的指令，因此形成一个自下而上、自我驱动的机制，提高了组织的灵活性。

(3) 从 HR 服务角度讲

首先，传统的 HR 提供的服务多为功能性、基础性的，以满足共性服务需求。其次，传统的 HR 与业务部门分离，导致其提供的服务较为模糊，并且有延迟感和滞后感。最后，从服务交互性来看，由于传统的 HR 对业务渗透不够，服务传递通常是单向的，缺乏反馈机制。

而 HRBP 提供的服务首先是多样性、社交性的，以满足个性化的精细服务需求。其次，HRBP 与业务部门相互融入，使其提供的服务更为直观，体验感更佳。最后，HRBP 可以及时得到服务反馈，较强的服务交互性促使其形成良性循环。

HRBP 的价值需求：为什么需要 HRBP?

随着企业规模的扩大、业务的多元化，传统的 HR 逐渐暴露出问题。一方面，在企业规模不断扩大的过程中，传统的 HR 很容易产生官僚主义倾向，由于感受不到市场竞争的压力，其服务意识淡薄。又由于 HR 与业务部门分离，HR 无法及时了解业务部门的需求，不能为其提供实际的解决方案。另一方面，随着企业事业部的增多，一个个业务部门相对独立，企业的战略和价值观在业务部门的传递往往会受到阻碍，导致信息失真。所以，组织迫切需要一种既能为各业务部门提供咨询服务和解决方案，又能有效传递企业文化和价值观的队伍。为此，HRBP 的角色应运而生。

相对于传统的 HR，HRBP 扮演了几种新的角色。

尤里奇在《人力资源转型：为组织创造价值和达成成果》一书中认为，HR 要成为业务伙伴，一般需要扮演四大角色：推动组织战略目标实现的战略合作伙伴角色；制定高效工作流程的 HR 效率专家角色；提高员工职业能力和敬业度的员工支持者角色；推动组织不断进化、增强组织能力、赢得竞争优势的变革推动者角色。① 徐升华在《解密 HRBP 发展与体系构建》一书中认为，HRBP 在企业中应该扮演好自我颠覆者、信用构建者、战略执行者、关系协调员、能力打造匠和变革催化师这六大角色。②

笔者认为，HRBP 之所以能发挥价值，是因为其扮演了以下四大角色（见图 7—1）。

---

① 戴维·尤里奇．人力资源转型：为组织创造价值和达成成果．北京：电子工业出版社，2015.

② 徐升华．解密 HRBP 发展与体系构建．北京：企业管理出版社，2015.

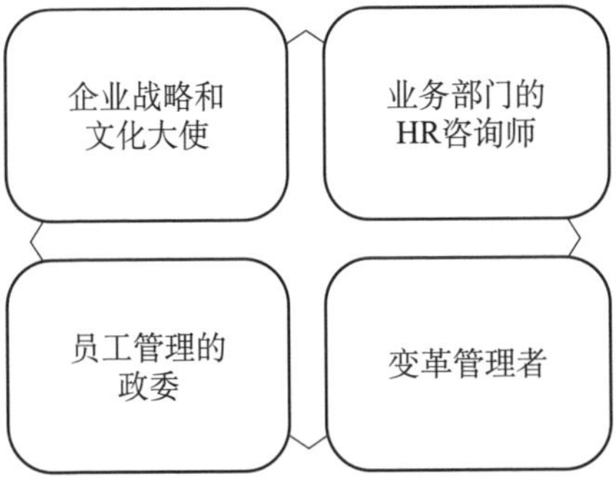

图 7—1 HRBP 四大角色模型

（1）企业战略和文化大使

设立 HRBP 的初衷是有效地传递企业的文化和战略，使一线员工也能深刻认识到企业的核心价值和基本制度。HRBP 自身要深刻理解企业文化和战略，通过融入业务部门，使公司战略和文化得以落地，同时对业务的发展起促进作用。

（2）业务部门的 HR 咨询师

HRBP 作为一类复合型人才，首先要具备两类知识，既要懂人力又要通业务。同时，要树立起对业务部门的内部客户服务意识，深入挖掘业务部门的管理需求，发现业务部门存在的问题，切实解决其发展的难题和瓶颈，为业务部门的发展提供有效的解决方案。总的来说，HRBP 要提供人事管理方面的咨询来支持业务部门的战略。

（3）员工管理的政委

HRBP 身处一线，要多与员工沟通与交流。一方面，协调关系，化解纠纷；另一方面，倾听员工的心声，了解员工的需求，解决他们的问题，通过员工承诺提升员工个人能力，确保员工对企业的高贡献度。

（4）变革管理者

随着信息化时代的到来，科技不断创新，企业的外部环境日新月异。赢家和输家的主要区别不是变革速度，而是响应变革的能力。身处一线的 HRBP 仿佛是接受刺激的神经末梢，要有敏锐的嗅觉与洞察力，与时俱进地察觉变革趋势，推动变革进程，做好组织的变革管理。

HRBP 背后的逻辑：HRBP 工作到底如何落地？

尽管越来越多的企业开始设立 HRBP 这一职务，但是许多公司的 HRBP 形同虚设。目前我国企业的 HRBP 实践主要有以下几个问题：

HRBP 的角色定位不清晰。很多企业设置了 HRBP 这一职务，但是还没有完善的制度来确定 HRBP 的具体职能、权责关系、汇报关系、薪酬考核等，加上共享服务平台尚不成型，导致 HRBP 仍需要处理许多事务性工作，使内外部客户产生转型无效的感觉。

HRBP 没有被充分授权。在很多公司，由于 HRBP 没有得到总部的充分授权，被派到业务部门之后，部门管理者仍旧让其完成基础性的人力资源管理工作，如招聘、培训、考核等，而不让其深入业务环节，HRBP 也就失去了本身的价值。

HRBP 的能力有待提升。HRBP 要求个人既懂人力又通业务，还要具有优秀的人际沟通能力、敏锐的市场洞察力、良好的个人信誉等，对个人的要求比较高。很多单位虽然设置了 HRBP 这一职位，但是由于缺乏培训方面的投入，导致 HRBP 的能力不足，发挥不了业务伙伴的作用。

HRBP 到底如何落地、如何发挥应有的价值是个重大而又复杂的管理命题。针对以上问题，笔者认为可以从组织层面和个人层面着手解决。

(1) 组织层面

首先，设置与 HRBP 这一角色相适应的 HR 架构，明确 HRBP 本身的定位和职能。HRBP 应承担以下职能：

- 从 HR 视角出发参与业务部门管理工作；
- 联动 COE 和 SSC，向业务输出有效的 HR 解决方案；
- 向 COE 和 SSC 反馈 HR 政策、HR 项目和 HR 进程的实施有效性；
- 制定并执行业务部门 HR 年度工作计划；
- 运作适合所在业务部门的 HR 战略和执行方案；
- 参与所在业务部门的领导力发展和人才发展通道建设；
- 协调员工关系，调查培训需求；
- 支持企业文化变革并参与变革行动；
- 建立所在业务部门的人力资源管理体系等。

随后，在企业内部设计人力资源管理流程，并在管理权责、汇报关系、薪酬考核等方面设计合适的制度。

组织内部要加大对 HRBP 的专项培训投入，培养出更多专业知识与业务能力突出、可以胜任工作的 HRBP。同时，人力资源部门要与业务部门合作，对 HRBP 的能力素质要求进行细化，使 HRBP 对自身发展有方向和动力。

(2) 个人层面

打破传统 HR 思维。HRBP 首先要转变理念，不断颠覆陈旧的认知、知识和技能，将业务部门当作自己的客户，从服务的角度向业务部门提出建议、推动变革。HRBP 要从管理者转变为服务者。

加强个人学习，扩大自身影响力。HRBP 要积极参与培训，不仅要精通人力资源专业知识，而且要有战略的超前意识，能够用业务语言阐述和解决 HR 相关问题，掌握行业最新趋势，培养沟通协调能力。同时，要注重个人能力建设，以可靠的人品和公正的行事风格赢得大家的信任，扩大自己的影响力。

用业绩来说话。HRBP 参与到业务中去，就一定要解决实际问题，为业务部门达成目标做出贡献。HRBP 要为业务部门创造业绩，同时在业务部门站稳脚跟，使自身更有话语权，以利于今后工作的开展。

当 HRBP 真正实现在企业内外部客户心中的形象定位，从警察部门、监督部门、考核部门转变为企业战略和文化大使、业务部门的 HR 咨询师、员工管理的政委、变革管理者这四大角色的时候，HRBP 就真正落地并发挥出应有的价值了。

HRBP 的胜任基因：长着猫的身体、操着老虎的心

HRBP 的胜任素质

通过上节提到的 HRBP 四角色模型，可以将 HRBP 的职能归纳如下：精准理解组织的战略目标，根据目标分解，制定并执行 HRBP 工作计划。深刻体悟企业的文化和价值观，并将其有效地传递给一线员工。对业务组织人员的结构、配置、考核、激励

给予建设性意见，参与业务部门的领导力发展和人才发展通道建设。与员工沟通交流，协调关系，提高其工作能力与满意度。与人力资源专家、人力资源共享服务中心合作实现 HR 项目落地并给予有效反馈。面向未来，与高层领导团队合作，推动必要的组织变革。明确职能后，HRBP 需要具备哪些素质？图 7—2 为我们提供了很好的答案。

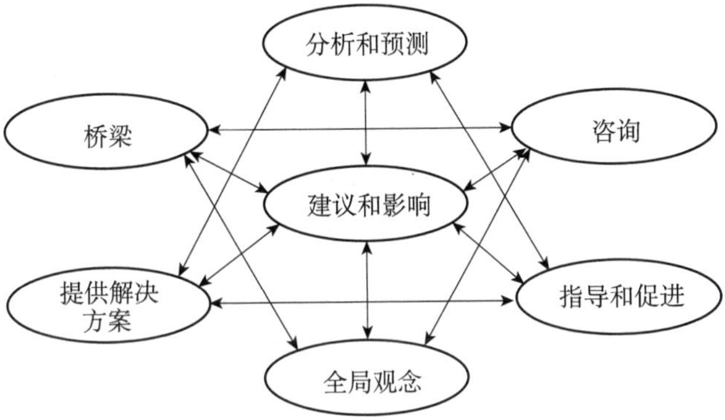

图 7—2 HRBP 的胜任素质

HRBP 的胜任力并不是一个新话题，学界业界的相关讨论很多。中国人民大学劳动人事学院的刘松博教授采用实证研究的方法探索了我国 HRBP 的胜任力构成，最终得出四大维度、十一项胜任力词条。四大维度包括：商业服务意识、HR 专业性、人际沟通、业务敏锐度。十一项胜任力词条包括：客户服务导向、需求管理、资源整合能力、团队融入能力、HR 专业知识和技能、行业业务知识、亲和力、人际理解力、与人连接性、业务洞察力、业务前瞻性。[1] 原 BLU Products 亚太区人力资源总监徐升华

① 刘松博，裴珊珊，梁爽．我国 HRBP 胜任力研究．中国人力资源开发，2016 (6)：34-39.

提出“钉子”模型，认为HRBP作为复合型人才，既要有专业的深度，也要有非专业的宽度。深度维度包括个人技能、个人思维、企业战略、企业文化、组织设计、学习发展、团队特征；宽度维度包括技术变革、经济发展形势、全球化、人口、客户。[①]南昌大学经济与管理学院院长何筠等人通过对招聘广告中关于HRBP任职资格和基本能力的要求的分析，从学历、专业、能力、个人特性、知识以及经历六个方面构建了HRBP的胜任力模型。[②] 学者李海燕总结出HRBP的七项胜任力，分别为：聚焦客户、理解业务、澄清问题、建立关系、结果导向、有效创新、专业能力。[③] 学者张琳在讲述如何将HRBP胜任力转化为管理效能时，认为HRBP的胜任力包括理解业务、聚焦客户、专业、创新、建立关系。[④]

国内HRBP通用胜任素质模型从单一维度到六维度不等，整理如表7—1所示。

表7—1　HRBP胜任素质模型比较

模型	年份	作者	维度	胜任词条
一维度模型	2015	李海燕		聚焦客户、理解业务、澄清问题、建立关系、结果导向、有效创新、专业能力
	2014	张琳		理解业务、聚焦客户、专业、创新、建立关系

① 徐升华．解密HRBP发展与体系构建．北京：企业管理出版社，2015.

② 何筠，王萌．基于互联网招聘的HRBP岗位职责和胜任力研究．企业经济，2016（8）：117-121.

③ 李海燕．你具备HRBP的“胜任力”吗？．中外管理，2015（11）：84-86.

④ 张琳．如何将HRBP胜任力转化为管理效能．中国人力资源开发，2014（2）：68-75.

续前表

模型	年份	作者	维度	胜任词条
两维度模型	2015	徐升华	深度	个人技能、个人思维、企业战略、企业文化、组织设计、学习发展、团队特征
			宽度	技术变革、经济发展形势、全球化、人口、客户
四维度模型	2016	刘松博	商业服务意识	客户服务导向、需求管理、资源整合能力
			HR 专业性	团队融入能力、HR 专业知识和技能、行业业务知识
			人际沟通	亲和力、人际理解力、与人连接性
			业务敏锐度	业务洞察力、业务前瞻性
六维度模型	2016	何筠	学历	硕士、本科、大专
			专业	人力资源管理、其他管理、心理学、主营业务
			能力	沟通、协调、组织、抗压、领导、分析、表达、执行、学习
			个人特性	责任心强、有团队合作精神、积极主动、正直、亲和力强、踏实稳重、认真严谨
			知识	熟练操作人力资源六大模块、熟悉劳动法律法规、熟练操作办公软件、了解业务特点、熟练操作人力资源管理软件
			经历	相关行业工作经验、HRBP 工作经验、大型企业工作经验、人力资源管理工作年数

在实践操作过程中，由于每个公司的具体情况不同，HRBP 在不同企业扮演的角色也存在差异，相应的胜任力会有所侧重。

本书采用行为事件访谈法[①]来研究 HRBP 的胜任素质。

行为事件访谈的主要目的是从绩效水平不同的两组任职者身上收集行为信息，通过统计分析找出哪些胜任特征可以区分两组绩效水平不同的 HRBP，即识别 HRBP 的鉴别性胜任素质。

我们选了十家互联网公司，并从这些公司的不同事业群/部选取 30 名 HRBP 进行行为事件访谈。

研究首先得出 52 项通用胜任素质，并建立了胜任素质词典。通过编码素质的频次及排名，分析哪些素质是 HRBP 在日常工作中出现频次最高的素质，采用排名前 20 的素质作为 HRBP 的通用胜任素质，统计结果如表 7—2 所示。

表 7—2 HRBP 胜任素质重要性排名

胜任素质	排名	胜任素质	排名
问题分析与解决	1	抗压适应能力	11
沟通协调能力	2	调研能力	12
人力资源知识	3	成就导向	13
逻辑思维	4	批判思维	14
业务知识	5	责任心	15
表达能力	6	方案策划能力	16
组织角色认知	7	资源整合能力	17
组织诊断	8	总结归纳能力	18
团队建设	9	关系建立能力	19
战略思维	10	人际理解	20

① 行为事件访谈法（behavioral event interview，BEI）是一种开放式的行为回顾式探索技术，是揭示胜任特征的主要工具。

然后，将这 20 项通用胜任素质按照个人、团队、组织三大维度进行划分，形成 HRBP 通用胜任素质模型。

- 个人：问题分析与解决、人力资源知识、逻辑思维、业务知识、表达能力、战略思维、抗压适应能力、调研能力、成就导向、批判思维、责任心、方案策划能力、总结归纳能力。
- 团队：沟通协调能力、团队建设、资源整合能力、关系建立能力、人际理解。
- 组织：组织角色认知、组织诊断。

对绩优组和一般组每一项胜任素质的平均值进行差异显著性检验，从而找出差异显著的指标。我们可以看到以下 5 个素质存在显著差异：沟通协调能力、灵活性、亲和力、战略思维、组织诊断。因此 HRBP 的鉴别性胜任素质即能够区分绩优与一般的胜任素质，余下的素质构成 HRBP 的通用胜任素质。下面我们来看看具体的鉴别性胜任素质：

- 沟通协调能力。重视且乐于沟通，重视信息的分享，能够妥善处理与上级、平级以及下级之间的关系，促成相互理解，通过协调人际关系和其他工作，调动内外部人员的积极性，获得人、财、物方面的资源支持与配合。
- 亲和力。在人际交往过程中，能够充分考虑他人的感受，善于调动气氛，通过平和、耐心、主动、热情的态度以及诚恳、正直的人格面貌赢得他人的尊重和信赖，从而创造良好的人际交往氛围。
- 灵活性。具有适应不同环境、不同个性或不同人群，并有效工作的能力。灵活性要求对一件事情不同甚至相反的看法给予理解与欣赏，使自己的方法适应环境的变化，并保持自己对公司或工作要求的开放态度。

● 战略思维。深刻理解组织的战略目标，组织中局部与整体、长期利益与短期利益的关系，以及其他关键因素在实现组织战略中的作用，从组织整体和长期的角度考虑、决策、开展工作，保证组织健康发展。

● 组织诊断。理解组织自身，能确认谁是真正的决策者、谁具有影响决策者的能力，并能预见某一新事件或情况将如何影响组织的某些人、某些部门。

尤里奇在《人力资源转型：为组织创造价值和达成成果》一书中提出了人力资源业务伙伴的四角色模型，从“战略—操作”和“制度—人”两个维度指出人力资源部应该充当战略合作者、变革推动者、管理专家和员工支持者四个角色。战略合作者需要有很强的战略思维，变革推动者需要具有组织诊断的能力和一定的灵活性，管理专家需要有极强的沟通协调能力，员工支持者要有亲和力。本研究得出的五种鉴别性胜任素质与这四种角色具有很高的匹配性。

鉴别性胜任素质与通用胜任素质是什么关系？根据 20/80 原则，鉴别性胜任素质虽然只占很小一部分，但却可以带来关键绩效（见图 7—3）。

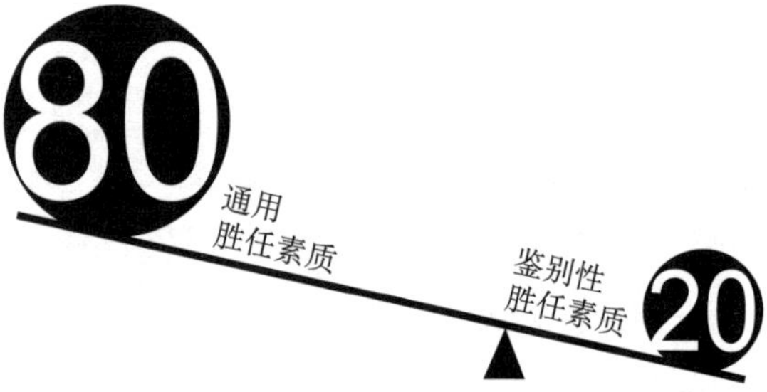

图 7—3 鉴别性胜任素质与通用胜任素质的关系

典型企业 HRBP 的胜任基因

(1) 阿里巴巴：价值观导向的政委胜任素质

阿里政委是公司派驻到各业务线的人力资源管理者和价值观管理者，与业务经理一起承担所在团队的组织管理、员工发展、人才培养等方面的工作。阿里政委承担了推动和实践企业文化的责任，将企业文化观、价值观和行为方式用标准化形式呈现出来，作为人才选、育、用、留、出的原则和基准。阿里政委既要解决组织和人的问题，也要推动实现人才的开发和增值，是企业文化的贯彻者和诠释者。[①] 那么阿里政委需要具备什么样的素质才能胜任呢？图 7—4 是阿里政委的岗位说明书精简版：

一、工作描述

1. 能够诊断组织、了解需求
2. 能够确定策略、执行计划
3. 能够建立渠道、传承文化
4. 能够推动变革、解决问题

二、任职条件

1. 工作五年以上
2. 精通 HR 各模块
3. 有管理经验优先

图 7—4 阿里政委的岗位说明书

① 刘颖．从 HR 到业务合作伙伴——浅谈人力资源管理变革中的 HRBP 胜任力构建与发展．办公室业务，2016（15）．

由以上岗位说明书可以概括出阿里政委的四大核心能力：

第一，战略衔接能力。首先，能够重构需求，识别战略性合作机会，实施企业战略性合作项目。其次，能够将人力资源工作的战略规划和业务规划紧密结合起来。再次，有能力激励和推动组织成员接受变革和拥抱变化。最后，有能力在本部门与其他部门之间发现关联，并识别出关键人物、关键环节和关键联系。

第二，人力资源专业能力。首先，能够对人力资源工作进行专业化整合与表达，实现显性化业务交融。其次，能将人力资源开发管理业务与所处的环境和业务需求结合起来。再次，能够把握人员、流程和信息等企业成功的关键因素，并将其转化为企业创造价值的能力。最后，掌握人力资源开发与管理的专业知识，并不断使其显性化。

第三，业务洞察能力。首先，具备对业务价值链的深刻洞察力，能够引导员工开拓性地发挥能力、创造性地完成工作。其次，要洞察他人及其兴趣点，说服并影响他人，组织大家齐心协作。最后，要主动发现问题和机遇，并突破性地解决问题。

第四，个人领导力。首先，具有能够抗多重压力并带领团队走向成功的潜质。其次，具有很强的成就动机，追求完美，注重细节。再次，具有强烈的探究动机，有天生的好奇心和了解他人及当前事物的渴望。最后，敢于说出、做出自己认为正确的事情。

由此我们提炼出阿里政委的胜任素质模型（见表7—3）。

表 7—3　　阿里政委的胜任素质模型

专业化	技术能力：Office 软件应用、数据分析能力 专业能力：劳动人事相关法律法规、薪酬、选人技能、团队构建、团队建设、员工咨询				
职业化	人际敏感 沟通协调	说服 影响力	分析和解 决问题	危机管理	学习能力 自我管理
品质特征	正直 客观	积极 正面	爱	责任心	严谨抗压

(2) 华为：业务导向的 V-CROSS 模型

华为的业务运营以项目为中心。为加强项目管理，公司专门设立了 HRBP 的职能角色，旨在强化一线项目团队的人力资源管理。华为在转型过程中提炼出 HRBP 的角色模型：V-CROSS。在这个模型中，HRBP 扮演六大角色（见图 7—5）：

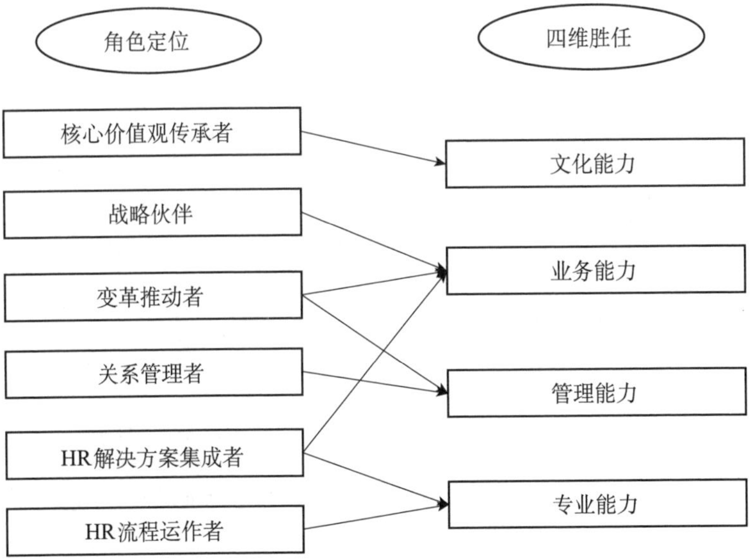

图 7—5　六大角色与四个维度

- 战略伙伴：基于战略目标设计有力的支撑措施并辅助实施；
- HR 解决方案集成者：打破模块的界限，针对业务问题提供完整的解决方案；
- HR 流程运作者：设计 HR 流程并保持高效运转；
- 关系管理者：与内外部利益相关者保持紧密的沟通，建立良好的关系；
- 变革推动者：面向未来，辅助管理层推动必要的组织变革；
- 核心价值观传承者：驱动华为“以客户为中心、以奋斗者为本”的文化落地。

相应地，企业对 HRBP 的能力也有了新的要求：由传统的人力资源技能（绩效管理、招聘、薪酬、学习与发展等）发展成更为深入和全面的人力资源解决方案技能（战略管理、诊断辅导、人才管理等）。表 7—4 展示了 HRBP 的胜任素质。表 7—5 展示了 HRBP 管理者和专员需具备的能力。

表 7—4　HRBP 的胜任素质

维度	子项	行为描述
业务能力	业务战略解读能力	理解公司所处的商业环境及其对公司业务的影响，并能正确解读业务战略
	HR 战略思维能力与连接能力	根据业务战略制定出有针对性的 HR 战略，并将业务问题与 HR 实践紧密结合，推动实现业务战略和年度业务计划
专业能力	人力资源政策理解能力	理解公司的人力资源政策、理念
	人力资源管理技能	具备人才管理（人才的选、用、育、留）和组织管理（组织设计、组织有效性提升）等方面的专业技能

续前表

维度	子项	行为描述
管理能力	项目管理能力	定义项目目标，协调项目团队资源，有效分配任务，协助监控项目进度、质量和预算，确保项目目标的达成
	团队管理能力	激励与发展团队，激发团队斗志，发挥成员优势，形成团队合力
文化能力	核心价值观传递能力	向项目团队成员有效宣传与传递公司核心价值观

表 7—5　　HRBP 管理者和专员的胜任素质

	HRBP 管理者	HRBP 专员
业务能力	业务战略解读能力、HR 战略思维能力与连接能力	业务解读能力、HR 战略思维能力与连接能力
HR 专业能力	人力资源政策理解和应用	人力资源专长
管理能力	团队管理能力、项目管理能力	项目管理能力

HRBP的工具箱

一个导向：业务导向

HRBP 必须从职能导向转向业务导向，将人力资源管理及其自身的价值内嵌到各业务单元的战略目标中，成为业务的驱动力。[①] 以业务为导向的人力资源管理首先要做的是分析、识别业务需求，并提出相应的 HR 解决方案。然而，多数企业的 HRBP

① 刘颖．从 HR 到业务合作伙伴——浅谈人力资源管理变革中的 HRBP 胜任力构建与发展．办公室业务，2016（15）．

并不是从业务需求出发，而是从人力资源管理各模块出发，利用标准化、常规化的人力资源管理工具建立相应的人力资源管理体系。

以职能为导向的人力资源管理存在四个方面的问题：其一，HR往往是从HR职能的角度提出标准化的解决方案，不了解业务目标和实际需求；其二，即使从业务出发，也往往是将业务的要求作为业务需求，未深入分析达成业务目标的实际需求；其三，HR解决方案设计过于单一，没有全方位解决业务面临的问题，只是解决表面问题，未解决深层次问题；其四，HR解决方案的实施由HR来主导，业务部门仅作为参与者，导致方案落地困难，实施效果不理想。此外，HR还存在只从自身角度编制计划和总结，对业务目标的达成关注太少等问题。结果是，HR并未满足业务需求，因而不被业务部门所认可。

因此，HRBP首先要颠覆思维，以业务为导向设定工作目标，以业务为导向编制工作计划与总结，帮助企业实现业务战略，解决业务的实际问题，成为真正的业务伙伴。

两类知识

HRBP岗位要求任职者具备复合型人才的特质，不仅要有人力资源管理相关知识，还要对所处业务部门的发展规划和业务内容有深刻的理解，这样才能保证HRBP起到支撑作用。

（1）HR基础知识。HR基础知识指人力资源各个专业模块的基础知识，这是HR的立足之本，也是业务部门所欠缺的。过硬的专业素养是HRBP产生专业影响力、体现职位价值的基础。

(2) 业务知识。HRBP 是一个衔接业务的角色，通过数据化思维向业务传达总部或者集团的业务战略、人才战略。HRBP 要对业务知识有一定了解，具备行业业务知识体系，包括了解业务特点、业务周期、业务运作模式等，形成对业务的敏感度。HRBP 要能够用业务语言来解决 HR 问题。HRBP 的本质就是了解业务发展方向和重点，从 HR 专业的角度为业务部门解决问题。HRBP 作为战略伙伴要有前瞻性，要在认知和判断的基础上及时发现新的业务战略机遇，并通过人力资源方案提供战略支持。HRBP 的专业水平要得到业务部门的认同和行业的认同。

三板斧

“三板斧”的典故相传源自程咬金，他在梦中遇到贵人，只学到三招，这三招的说法很多，无非下劈、横抹、斜挑及击刺等关键动作，简单实用，威力无比。三板斧的延伸含义是：解决问题的方法不需要太多，把最简单的招式练到极致，每一招都是绝招。

HRBP 的三板斧为感知、诊断、推动。

(1) 感知。作为业务伙伴处在业务团队中，HRBP 要善于感知组织冷暖、体察员工状态、了解业务需求。团队的氛围对于最终业务绩效的创造有很大的影响，因此，HRBP 首先要能够感受到整个团队的氛围，及时解决团队中的问题，也许是沟通问题，也许是支持问题。同时，要善于与员工交流，了解他们的工作状态、遇到的问题、需要的支持等，以提升员工满意度，进而促进高绩效的产生。此外，HRBP 要清晰了解业务部门的目标，深入分析达成业务目标的实际需求，最终提出解决方案。

(2) 诊断。在业务环节中，业务人员对业务的判断是否正确，业务进行过程中是否发生了人员配置、团队活力等问题，都需要借助 HRBP 的判断。由于业务人员大多关注短期目标的实现，所以可能在实际操作中出现一系列问题，尤其是在业务变革过程中。作为业务部门的 HR 咨询师，HRBP 要凭借敏锐的业务洞察力、前瞻性的思维方式、长远的目光以及扎实的专业知识来诊断业务环节中的问题，并提出可操作的解决方案。HRBP 空有专业素养还不够，必须能解决实际问题，为业务部门达成目标贡献力量，为公司和部门建立持续竞争优势。

(3) 推动。当今时代，随着技术不断更新，企业外部环境发生了翻天覆地的变化，所以应对变革的能力对一个企业的生存发展至关重要。当业务发生变化时，HRBP 要和公司管理层配合，提前做好准备，以更好地推动组织变革的进程。

四种思维

相对于传统的 HR，HRBP 要有以下四种思维方式。

(1) 贯通思维

所谓贯通思维，是指基于业务痛点和 HRBP 的角色定位，主动去拆除 HR 模块之间、公司各部门之间、各流程之间的壁垒。

沟通、协调、合作都是非常重要的，HRBP 每天会接触到各种各样的人员或协调各种关系。HRBP 比起传统的 HR，更有策略性、突破性、交互性，每一项区别都是 HRBP 贯通思维的要求。

总之，HRBP 要主动从客户需求出发，以满足业务部门个性化、多样化的需求为目标。

(2) 杠杆思维

“杠杆”最初出现在物理学中，意思是以小博大。杠杆思维是指，找准支点，选好杠杆，借力小资源撬动更大的资源。在 HRBP 的具体工作中，借助杠杆，以成本最小、效益最佳、业务最健康的方式去完成事业部的任务，就是杠杆思维的应用。

HRBP 以业务伙伴的身份加入事业部，了解事业部的绩效、业务、管理、沟通健康度，目的是寻找支点，发现事业痛点，协助事业部完成业绩。阿里政委扮演的角色，如太阳、军大衣、知心姐姐等，就是根据痛点寻找支点，撬动杠杆，起到四两拨千斤的问题解决效果。

(3) 前瞻思维

前瞻思维是一种实践性的具体思维方式，定义为：人的主观认知根据已知条件对客观发展趋势的确定性判断[①]，其实质是一种理性思维，是在深入调查研究、统筹兼顾基础上超前预见、超前谋划、超前决断的一种科学思维。

由于 HRBP 身处业务部门，与业务经理搭班，而业务部门在制定年度绩效目标时常常过于关注短期目标而忽视长远发展，所以 HRBP 要有长远的眼光、综合的视角，能够感知组织状况，对于组织存在的问题及时提出意见，以促进组织可持续发展。在组织变革期，HRBP 的前瞻性思维显得格外重要。

---

① 王建伟．简析前瞻性思维的本质规定及其特征．天津社会科学，2006，4(4)：37-39.

（4）服务思维

相比传统的 HR，HRBP 应具备一种服务思维，即把业务部门人员当作自己的客户，努力为其提供优质的服务，注重客户的体验。

首先，HRBP 要在客户中建立共识、取得信任。一要有可靠的人品和公正的行事风格；二要有过硬的专业素质，不仅精通人力资源专业知识，而且有战略的超前意识，用业务语言阐述和解决 HR 问题；三要发展和相关负责人相同的志趣，建立个人感情，这在中国独具特色的关系文化中相当重要。

其次，要创造实绩。HRBP 空有专业素养是不够的，必须解决实际问题，为业务部门达成目标贡献价值，特别是在人才吸引、团队建设、干部培养、考核评价等重大人力资源问题上取得突破，为公司和部门建立持续竞争优势，这样才能使客户满意。

五大模型

下面将具体介绍 HRBP 工作中可以运用的五个模型，分别是有助于战略规划的 BLM 模型、分析客户需求的狩猎模型、将想法转化为行动的 HCD 模型、提升培训效果的 GAPS 模型和用于组织诊断的六盒模型。读者可根据自身工作实践加以借鉴和运用，这对提升工作中的系统思维大有裨益。

（1）BLM 模型

BLM 模型，即业务领先模型，是一个完整的战略规划方法。这个方法是 IBM 在 2003 年研发出来的，后来成为 IBM 从公司层面到各个业务部门共同使用的统一战略规划方法。

BLM模型分为四部分（见图7—6），最上面是领导力，公司的转型和发展归根结底在内部是由企业领导力来驱动的。最下面是企业价值观，这是底盘。中间的两部分称为战略和执行，好的战略设计还要有非常强的执行，没有好的执行，再好的战略也会落空。

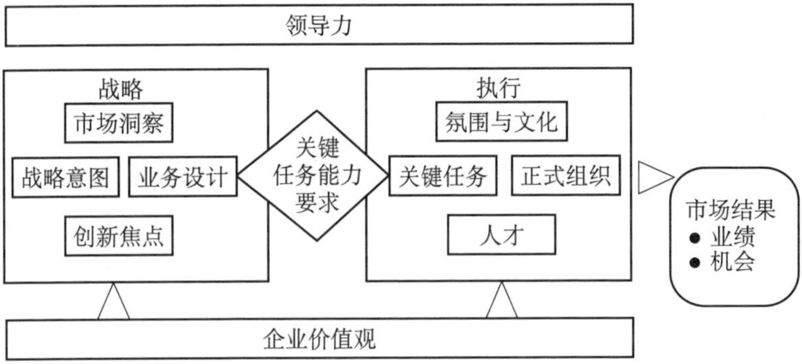

图7—6 BLM模型

BLM模型保证人力资源与业务紧密关联，比如，华为运用BLM模型之后，在战略执行环节，HRBP是业务引导员，成为主力。业务部门做规划时，有业务战略和人力资源战略两个部分，并形成例行的机制在各部门推行。人力资源管理和业务管理不再是割裂的两张皮，HR不再是可有可无。

BLM模型中，企业的战略制定包括四个方面：

第一，战略意图。战略意图指的是公司、部门的方向和希望实现的目标，或者说想做成什么样的事，达成什么样的结果。通常，战略意图可以是未来3～5年的描述，而战略目标一般是分年度的具体目标的陈述。好的战略规划始于好的战略意图的陈述和战略目标的表达，这是战略规划的第一步。

第二，市场洞察。市场洞察指的是对影响业绩的关键外部因素有清楚的了解，不仅了解现状，还要试图预见未来的发展，包括客户需求、竞争者状况、技术发展趋势、市场结构乃至经济结构的发展。市场洞察决定了战略思考的深度，其目的是清晰地知道未来的机遇和企业可能碰到的挑战与风险，理解和解释市场上正在发生什么，以及对公司未来的影响。

第三，创新焦点。创新焦点是指如何在一个战略设计里，运用创新的方法捕捉更多创新的思路和经验，在新的战略设计中，为企业的竞争力和差异化商业模式带来新的增值点。把创新作为战略思考的焦点，目的是捕获更多的思路和经验。好的创新体系是企业与市场同步探索和实验，而不是独立于市场之外闭门造车。

第四，业务设计。一个好的业务设计包含六个方面的要素，包括选择客户、价值主张、价值获取、活动范围、价值持续增值和风险控制。战略思考要归结到业务设计中，即判断如何利用企业内部现有的资源创造可持续的战略控制点。好的业务设计要回答两个基本问题：新的业务设计能否建立在现有能力基础之上？能否获得需要的新能力？

企业的战略执行也包括四个方面：

第一，关键任务。关键任务给出了执行的关键任务事项和时间节点，并且对企业的流程改造、流程重建提出了具体要求。关键任务统领执行的细节，是连接战略与执行的节点。

第二，正式组织。为了确保关键任务和流程能够有效推进和执行，需要建立相应的组织结构、管理制度、管理系统以及考核标准。正式组织是执行的保障。展开新业务时，要舍得投入人力和资源。同时，要建立相应的制度、系统以及标准，否则，执行的结果会大打折扣。

第三，人才。重要岗位的人员要具备相应的技能，才能获得出色的业绩。组织确定之后要考虑的自然就是组织的人才。人才要有相应的技能去完成战略的执行。

第四，氛围与文化。氛围是指与企业战略执行相关的管理氛围，文化是员工默认的行为准则，和企业价值观有很大的关系。常见的管理氛围包括手把手教学的教师式、身先士卒的英雄式、激发意愿的教练式和员工自驱动的放权式。在知识密集型经济时代，大多数成功转型的企业最终都形成了开放、授权、共享的氛围和文化。

BLM 模型的关键在于识别差距产生的根本原因，治本而不是治标。

步骤如下：

- 弄清差距：我们是否都能接纳、理解并面对差距？
- 直觉调查（头脑风暴）：我们为什么有差距？我们的弱点是什么？
- 挑战根本原因的每一种假设。
- 将答案分别归类到 BLM 的不同部分中去。
- 核对假设中的事实和数据，看是否涵盖了所有部分。
- 检查模型的一致性，识别每一部分中最重要的问题。
- 制定行动计划来解决最重要的问题。

通常情况下，差距是由战略的不协调造成的，例如战略制定四部分中一个或多个不协调，或执行领导间不协调。

（2）狩猎模型

狩猎模型是由日本学者狩野纪昭提出的（见图7—7），当初的灵感来自赫茨伯格的双因素理论。狩猎模型研究的是用户需求和用户满意度，在互联网产品界广受欢迎。HRBP一方面要洞察和挖掘业务部门的需求，另一方面要向员工快速交付HR产品和服务，故该模型对HRBP有指导意义。

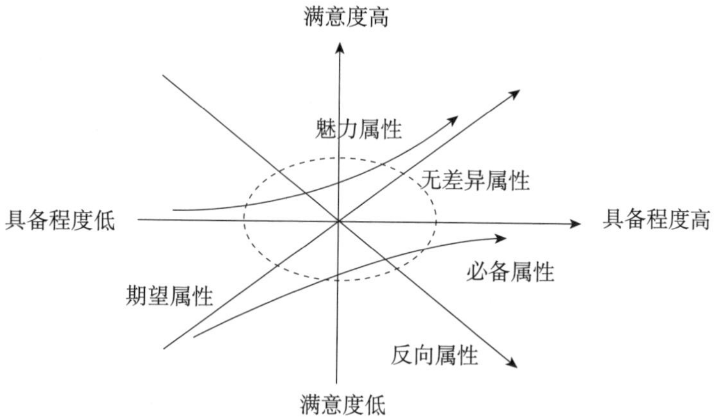

图7—7　狩猎模型

- 魅力属性：HRBP的服务可以给用户带来意想不到的惊喜，如果不提供此服务，用户满意度不会降低；提供此服务时，用户满意度会有很大提升。
- 期望属性：提供此服务，用户满意度会提升；不提供此服务，用户满意度会降低。
- 必备属性：优化此服务，用户满意度不会提升；不提供此服务，用户满意度会大幅降低。
- 无差异属性：无论是否提供此服务，用户满意度都不会改变，用户根本不在意。

● 反向属性：用户根本没有此类服务需求，提供后用户满意度反而会下降。

狩猎模型并不是直接用来测量用户满意度的方法，而是通过对用户的不同需求进行区分，找出提高用户满意度的切入点。

狩猎模型认为，从事事务性工作的HR目前提供“基本需求”服务，可能不会让用户满意，一旦失败，会让用户更不满意。因此，必须加强这些事务性工作的维护及支持，不至于削弱已有的用户满意度。对于HRBP，狩猎模型提出了更多的要求，HRBP要对环境变化足够敏感，并需要更多元化的判断能力，尽量避免“反向需求”，更多地满足“期望需求”和“魅力需求”。

步骤参见图7—8。

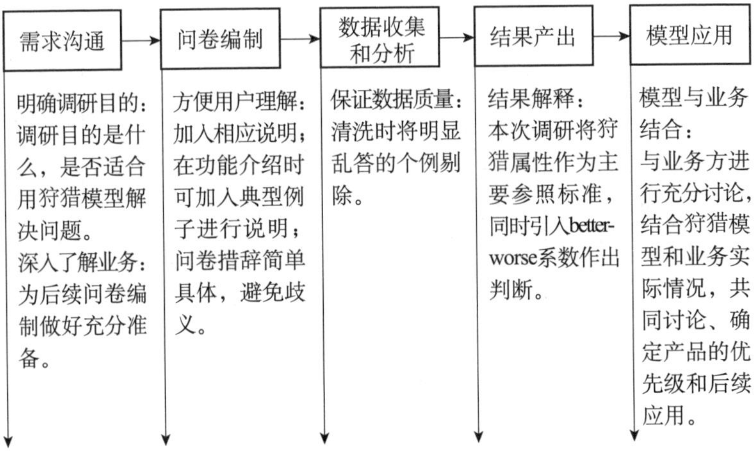

图7—8 狩猎模型应用的5步骤

(3) HCD模型

HCD模型的重点是展示如何把一个想法变成具体的行动。模型中最顶层是愿景，最下端是行动（见图7—9）。

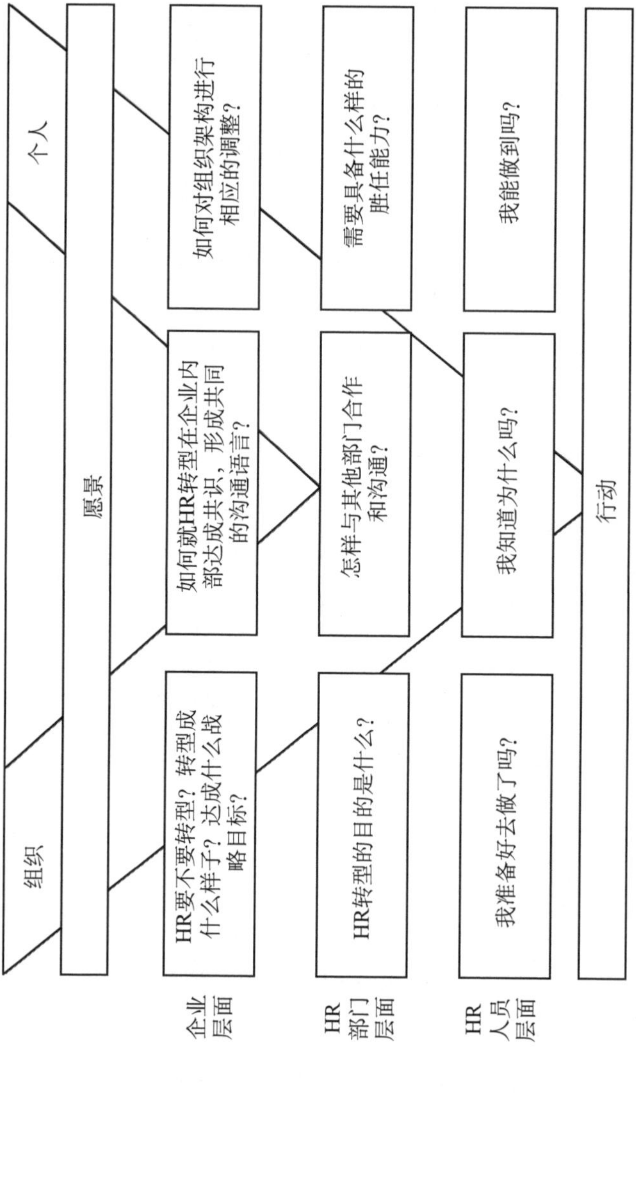
组织
个人
愿景
企业层面
HR要不要转型？转型成什么样子？达成什么战略目标？
如何就HR转型在企业内部达成共识，形成共同的沟通语言？
如何对组织架构进行相应的调整？
HR部门层面
HR转型的目的是什么？
怎样与其他部门合作和沟通？
需要具备什么样的胜任能力？
HR人员层面
我准备好去做了吗？
我知道为什么吗？
我能做到吗？
行动

图7—9 HCD模型

在一个组织中，愿景到行动会经过三个层面：企业层面、部门层面和个人层面。

在企业层面，决策者需要思考和确定三个问题：企业的使命是什么？用什么样的架构去实现这个使命？最重要的是，如何通过价值观和文化将使命和架构真正联系起来？

在部门层面，需要把使命分解成不同的目标，为了实现这些目标，需要具备相应的胜任力。为了让胜任力和目标契合，要从公司的价值观出发，确立行事原则。

在个人层面，每一个工作者都要分解本部门的目标，确定自己需要做什么，在做这件事情上有哪些能力，并用意愿把目标和能力连接起来。

企业、部门、个人组成三个横向层面，战略、组织、文化形成三条纵向直线。如果一家公司能够从自身愿景出发，把一切问题按照“三横三纵”有序组织起来，就可以产生有效的行动。

步骤如下：

- 明确企业愿景。
- 从公司层面思考问题：使命、架构、价值观等。
- 从部门层面思考问题：目标、胜任力、行事原则。
- 从个人层面思考问题：个人目标、个人能力、个人意愿等。
- 实施行动。

（4）GAPS 模型

GAPS 模型源于美国变革合作伙伴公司 Robinson，旨在帮助企业培训部门对业务需求进行深入分析，通过诊断找出绩效问题，据此设计培训项目，确保学习活动与业务绩效提升相匹配

(见图 7—10)。

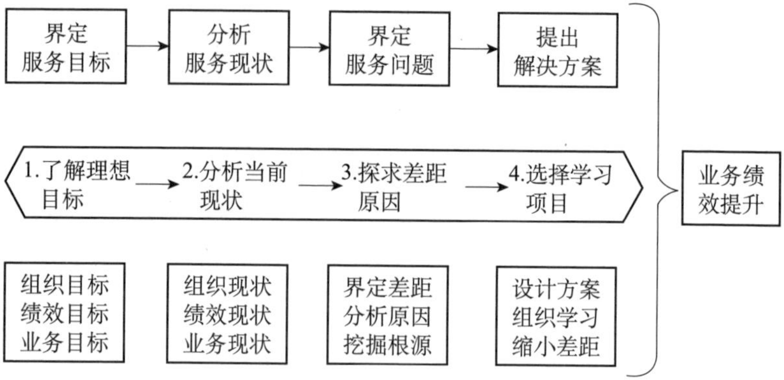

图 7—10　GAPS 模型

企业培训与业务相脱节的主要原因在于：在培训需求分析阶段，关注的是岗位任务和岗位胜任能力发展。基于这两个需求设计的培训项目只能保证员工通过培训胜任相应岗位的工作任务。但是员工完成岗位任务并不一定就能满足组织的业务需求。不关注业务需求的培训项目，只能依赖组织对工作岗位、工作任务本身的设计，间接被动地实现业务目标。关注业务需求的培训项目，主动思考哪些行为支撑业务需求，与组织管理、绩效管理形成合力。

步骤如下：

- 明确目标：业务目标、绩效目标等。
- 分析现状：业务现状、绩效现状等。
- 确定原因：工作环境与能力原因。
- 选择方案：明确业务与绩效差距的具体原因后，HRBP 可通过选择相应的项目来消除差距。

(5) 六盒模型

韦斯伯德的六盒模型是从组织内部视角不断审视业务实现

过程的利器。模型的六个维度分别是使命/目标、结构/组织、关系/流程、奖励/激励、支持/工具、管理/领导力（见图7—11）。

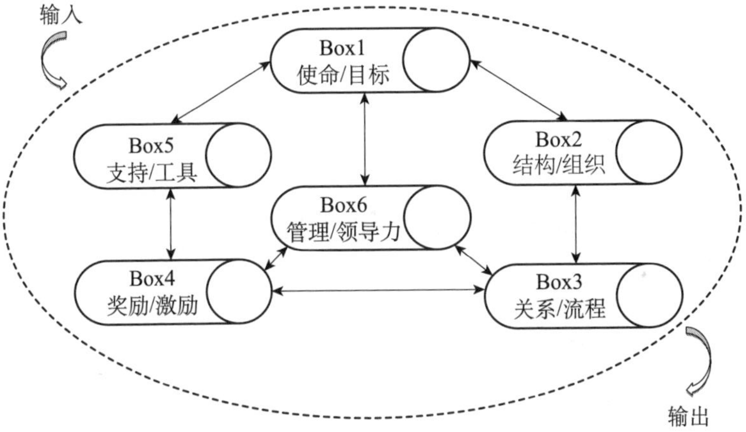

图 7—11 六盒模型

步骤如下：

- 使命/目标——组织是否有清晰的使命？员工是否理解并认同公司的使命？
- 结构/组织——企业内部工作是如何分配的？考虑到使命时，人力资源的分配是否合理？
- 关系/流程——公司各单元协调的方式是怎样的？缺乏协调是否会引起矛盾？
- 奖励/激励——考察所有需要完成的任务是否都有相对应的激励措施。奖励是支持还是阻碍任务的达成？
- 支持/工具——支持组织工作的系统和流程是什么样的？
- 管理/领导力——被视作密切观察其他五个盒子中非正常事件或意外结果的最后一个盒子。是否能确保其他五个盒子处于均衡状态？失衡时应采取怎样的行动及时修正？

这里有一句口诀："不管业务和组织架构怎么变，六个盒子跑一遍。"六盒模型是一种简单实用的组织诊断工具，可以帮助盘点现状、展望未来，搭建起连接现实与未来的桥梁。此外，它帮助绘制业务团队的组织图，起到全面了解自己的关键作用。

阿里政委是 HRBP 的变异吗？

阿里政委属于阿里巴巴 HR 的一种，阿里 HR 有职能型 HR 和业务型 HR，前者负责 HR 领域的政策制定、工具研发，后者则为政委。政委其实是公司派驻到各业务线的人力资源管理者和价值观管理者，与业务经理一起做好所在团队的组织管理、员工发展、人才培养等方面的工作。政委是既懂人力资源管理又了解业务需求的 HR"通才"。

政委和 HRBP 的区别是：HRBP 从理论到实践均源自国外，属于三支柱理论体系下的概念。而政委体系土生土长在阿里巴巴。它们的共性是基于企业发展和业务需求倒逼，突破传统六大模块的人力资源管理创新。

阿里政委发展导图

图 7—12 将阿里政委的发展分为四个阶段，它们与阿里巴巴的业务发展状态是紧密相关的：

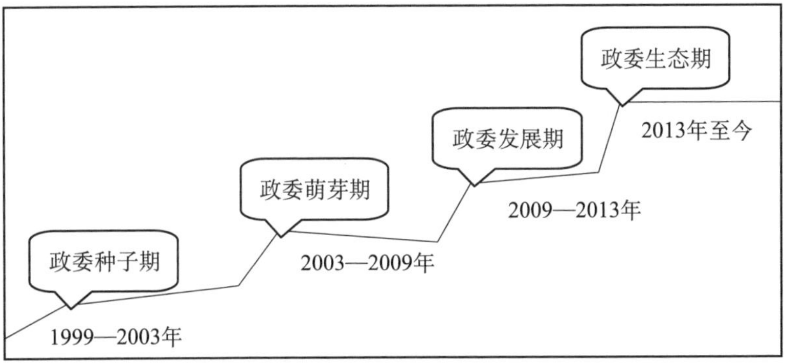

图 7—12 阿里政委发展史

(1) 种子期（1999—2003 年）

1999—2003 年是阿里政委的种子期，最关键的是 1999 年，阿里巴巴 B2B 有一个核心产品——中国供应商，中国供应商直销衍生出“中供铁军”，“铁军文化”衍生出“政委”几乎是水到渠成的。

当时阿里巴巴的创始人马云一直在想：在企业层级增多、跨区域发展成为趋势的情况下，如何在一线员工中确保文化、价值观的传承，同时在业务和人力资源培养方面提供更快捷的支持。政委体系是一个很好的文化管控的载体。

(2) 萌芽期（2003—2009 年）

阿里政委体系起源于 2004—2005 年间，灵感来自当时两部热播的军事题材连续剧《历史的天空》和《亮剑》。2004 年“非典”后，阿里巴巴的 B2B 业务高速成长，高速成长行业的特点是人才低位高用，从人力资源配置角度来说，机会多、工作多，但人员不足。阿里巴巴就有必要配置另外一条线，让有知识、有阅历、对组织建设有经验的人辅助业务经理建好队伍、管好队伍。如果说阿里巴巴此前集中运营 B2B，那么，随着淘宝的诞生，客户端市场被激活，B2C 和 C2C 的市场反推网商和电商的发展，除了在中供有这个政委体系，淘宝、支付宝也陆续在内部将政委体系铺开。

（3）发展期（2009—2013 年）

到 2009 年，另一个大的节日腾空出世——“双 11”，这个节日从光棍节演变成购物节，天猫、蚂蚁金服、阿里巴巴云也是从那之后慢慢成长壮大的。阿里巴巴的支付、物流、云服务全面开花。为了配合不断扩张的业务，阿里政委体系进入高速发展期。

（4）生态期（2013 年至今）

2014 年，阿里巴巴进入大数据时代，之前只是把很多业务做到平台化，如电子商务的平台化。而今天电子商务只是阿里巴巴的一个端，阿里有云，可接万端。于是阿里巴巴做金融、生活、音乐、体育、医疗、健康等业务，所触及领域都已生态化，阿里政委体系也随之生态化。“生态政委”主要包括三点：阿里业务的生态化、阿里文化的生态化和阿里人员的生态化。“生态政委”一强调链接，二强调赋能。

阿里政委的两大特点

阿里政委体系具有两个特点：一是灵活性；二是自下而上。

（1）灵活性

灵活性是政委 KPI 的特征之一。相对于传统的职能化的 HR，政委身处业务部门，与业务紧密贴合，而业务指标会随时根据各种情况进行调整，这样 HR 的人员编制、各种计划都需要调整，灵活性就显得格外重要。另一方面，随着科技的进步，企业外部市场发生翻天覆地的变化，HRBP 要有敏锐的市场洞察力，及时应对各种变化，随时为变革做好准备，以更好地推动组织变革。

（2）自下而上

在阿里巴巴的业务部门，更多时候决策权在下面而不是等着上面的指令，这就形成一个高效的工作网络，这个网络中的节点是由一个个小的战斗单位构成的，它们拥有充分的决策权，也就形成一个自下而上、自我驱动的机制。阿里巴巴的 HR 随时准备自下而上推动公司开疆扩土。

阿里政委的三大能力

（1）业务把控能力

政委要能做出业务判断和组织判断，了解业务竞争对手是谁。政委必须跳出公司，主动了解企业的竞争对手。以前，业务部门天天跟竞争对手较量，然后快速成长。阿里政委也要找到自己的竞争对手。如果 HR 没有竞争意识，只是满足于提供内部服务，往往会被边缘化或者外包化。阿里政委之所以叫“生态政委”，其实就是要放眼生态圈，在其中看哪些伙伴企业的业务做得好，马上去学习，哪个伙伴企业的 HR 有创新，相互赋能，这样才能保证阿里巴巴持续进步。

（2）赋能/授权能力

赋能，顾名思义，赋予能力。马云 2015 年在内部做过一个讲话，认为阿里政委太强大，以至于所有的选人、团队管理、裁人都要由政委进行，这就使业务负责人的管理能力出现“真空”。这与政委这种机制实现和业务部门一起看问题、解决问题的目标发生偏离。政委要发挥赋能与授权能力，让业务负责人具有管理人、管理组织的能力，而不是帮助业务负责人管理人、管理组织。

（3）影响力

政委需要打造个人的影响力，与业务部门达成共识并取得信任。政委首先要有可靠的人品和公正的行事风格，以及过硬的专业素质，不仅精通人力资源专业知识，而且有战略的超前意识，用业务语言阐述和解决 HR 问题。要发展和相关负责人相同的志趣，建立个人感情，这在中国这个独具特色的文化环境中相当重要。政委要不断学习和掌握行业最新趋势，扩大自己的影响圈，培育自身品牌，从影响一个人开始，逐步去影响更多人。

阿里政委的四大角色

阿里政委扮演以下四大角色（见图 7—13）：

图 7—13　阿里政委的四大角色

● 人才问题的合作伙伴。政委要善于与员工沟通，了解其生活、工作的状态，清楚其目前遇到的问题，并且帮助员工解决问题。

● 公司与员工之间的同心结和桥梁。政委作为企业与员工之间的桥梁，起着承上启下的作用，要善于向员工诠释上层的战略、决策，及时将员工的问题向上反馈。

● 公司文化的倡导者、贯彻者、诠释者。阿里巴巴是十分重视价值观的企业，因此政委扮演的一个很重要的角色就是“文化大使”。政委要在充分理解企业文化、价值观的基础上，不断地向一线员工传播，并且以身作则，作为文化贯彻者来影响身边的员工。

● 人力资源开发者。政委通过解决员工问题、提升员工满意度，不断促进员工能力、技能水平的提升，实现人力资源管理的价值增值。

阿里政委的五大特色工作

阿里政委的五大特色工作包括：闻味道、摸温度、照镜子、揪头发、搭场子。

(1) 闻味道

“闻味道”是指政委要感知组织冷暖和体察员工状态。任何一个团队的氛围，其实就是管理者自我味道的一种体现与放大。一个管理者的味道就是一个团队的空气，无形无影但无时无刻不在影响每个人思考和做事的方式，尤其影响团队内部以及团队之间的协作。每个组织都有自己的气场，管理者既要有敏感度和判断力，又要懂得望、闻、问、切。闻味道的基本方法包括反复观察与综合诊断。什么是闻味道，说得通俗一点，就是反反复复去观察。作为政委不仅要会观察，还要有悟性，如果不会观察人，就一定做不好政委。闻味道深层次的解读是综合诊断，政委要能够判断某个员工与阿里巴巴的主流企业文化是否一致，团队的氛围是否融洽，是否需要及时做出调整等。

（2）摸温度

“摸温度”是指政委要善于和团队深度交流，及时了解团队的状况，团队士气若低落，则需要设法振奋一下，团队士气若过度高涨，则需要降一下温。作为政委，需要及时为团队解决问题，也许是沟通问题，也许是支持问题。

（3）照镜子

以人为镜，可明得失。政委既是业务人员的镜子，帮助业务人员成长；也以业务人员为镜，不断完善自己。

政委需要主动和三种人群交流：上级、平级、下属。在阿里巴巴有这样一个说法，“对待上级要有胆量，对待平级要有肺腑，对待下级要有心肝”，每个角度所重视的内容不一样，上级关注你的思维和价值观，平级关注你的沟通与胸怀，下级关注你的能力和关爱。

以别人为镜子，政委需要创造一个简单信任的团队氛围。政委团队流传着这样一句话：“你对我不满意，就来找我，可以骂，可以批。但如果你不对我说，而是在背后说，那么请你离开。”一个团队有了信任，才有协作的土壤和机会。

（4）揪头发

可以通过“揪头发”考察一个管理者的眼界，培养向上思考、全面思考和系统思考的能力，杜绝“屁股决定脑袋”和小团队，从更大的空间范围和更长的时间跨度来考虑组织中发生的问题。在业务发生变化时，政委要和公司管理层配合，提前做好准备。政委要站在更高的立场思考和解决问题。

（5）搭场子

“搭场子”是指政委要善于建立渠道，让冲突得到妥善的解决。核心是搭建沟通的渠道，搭建员工与员工之间、员工与主管之间、员工与经理之间、经理与主管之间、主管与主管之间、HR 与所有人之间真实有效的沟通渠道。

搭场子有两个动作，一个是给鲜花，另一个是给拳头。给鲜花，其实就是学会欣赏，欣赏非常重要，作为政委，要学会欣赏业务团队，欣赏之余要发现问题，然后再给他们一些拳头，打到他们的痛处。所有这些都需要政委在前面做很多的了解。

HRBP 内也有一个 HR 三支柱：俄罗斯套娃版本

所谓俄罗斯套娃，是指在 HRBP 的内部又分出一个 HR 三支柱，我们来看看腾讯 HRBP 的分工。

如图 7—14 所示，腾讯 HRBP 一般分为三大块：Function 组、BP 组和助理组。其中，Function 组主要与 COE 对接，一方面保证政策落地，另一方面驱动 COE 完成任务。BP 组是传统意义上的 HRBP，他们参与到业务当中，打破模块的界限，针对业务问题提供完整的解决方案。助理组与 SDC 对接，主要处理事务

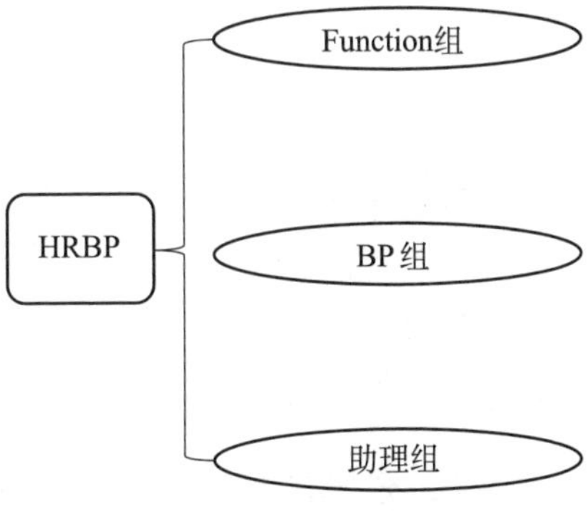

图 7—14 HRBP 的分工

性工作，一个助理要对接多个 HRBP。

HRBP 内部的 HR 三支柱互相协作，高效处理腾讯 HR 中心的工作，与 COE 和 SDC 妥善对接。举个例子，当 COE 给出篇幅为 40 页的政策时，与其对接的 Function 组可以把这 40 页给 BP 组，BP 组要对这 40 页政策进行深入的理解，然后根据业务部门的实际情况提炼出政策最有效的部分，最后输出给业务部门，最多 5 页。

腾讯 HRBP 驱动组织变革，提升组织活力

2012 年 5 月 18 日，腾讯进行了有史以来最大的一次组织变革，腾讯人称为“518 变革”。变革中，腾讯启动了移动互联网事业群（MIG）架构调整。主要变动是：手机 QQ 和超级 QQ 业务调至社交网络事业群，手机游戏对外合作部门调至互动娱乐事业群。此外，原 MIG 总裁刘成敏将以“退休”的名义从腾讯离职。“518 变革”将这些核心产品从 MIG 分离出去，当时 MIG 人心涣散，前途未卜。

核心产品被分离出去后，留给 MIG 的只剩下手机安全、浏览器，那个时候应用宝刚刚进入市场，还是一个雏形期的产品。MIG 的员工认为手机安全这个产品生存不过三个月，浏览器比不过竞争对手，所以对未来缺乏信心。

产品不断碰撞磨合的过程是痛苦的。专业背景不同、业务能力很强的团队成员难免会坚持自己的判断。在产品的更新迭代过程中，管理团队充分意识到小团队作战的灵活优势，于是

决定在组织架构上采用 FT 模式对整个团队进行大刀阔斧的改革。

FT 是 Feature Team（特性团队）的简称，是以用户为中心，打破原有的技术分工（如开发、设计、测试），按产品特征灵活组建的团队。FT 以产品特征为最终交付价值，目标明确，权责清晰，根据产品需求临时或长期存在。FT 模糊角色分工的概念，倡导团队共同完成产品特性，从而交付端对端（而不仅是某个组件中间）的价值。

管理层将 150 人团队分成 10 个 FT，每个 FT 都配备功能齐全的岗位——研发、运营、设计，这样每个功能都有责任人，权责利更加清晰。以前的项目经理成了 FTO（FTO 相当于创业公司的 CEO），员工一下有了主人翁意识。这样的形式重燃了团队的活力。

在这次组织架构的变革中，HRBP 发挥着重要的作用，提供组织变革的方法与工具，设计 FT 团队的绩效考核方案，积极与员工沟通交流以诠释变革的意义。HRBP 相当于变革的催化剂，驱动整个团队的组织变革，最终提升了 MIG 的活力。2015 年是 MIG 丰收的一年，手机安全、手机浏览器、应用宝三个产品登上腾讯的最高荣誉宝殿——名品堂。

虽然不能说是 HRBP 驱动的 FT 模式让业务部门取得了今天的成绩，但 HRBP 的确为业务部门探索出一个合适的运营管理模式，让人心涣散的 MIG 重新有了活力。每个小团队的成员都充满了创客精神，敢于主动去尝试技术和应用创新，从而在一定程度上避免了大公司病。

海尔“融入 HR”助力小微成长

HRBP 在海尔被称作“融入 HR”。仲娜是海尔洗衣机的人力资源负责人，同时也是免清洗小微的融入 HR，她的实践就是海尔小微融入 HR 角色的过程。仲娜通过在小微中扮演四种角色，不断地助力小微成长。

仲娜扮演的第一个角色是组织变革催化剂。海尔的小微机制事实上是深刻的组织变革。在互联网时代，为了快速应对用户需求变化和加快市场反应，海尔将企业以小微的形式细分。可以说海尔整个组织变革的历程就是一个小微落地的过程。

海尔的整个架构分成许多用户小微、节点小微等。在组织变革前，企业的流程是串联的，首先是设计，之后是制造、销售、售后服务。组织架构也相应是直线串联的组织，各节点分工明确，职责界限明确，部门内效率高，但各节点之间较难形成全局观，整体响应速度慢。

2014 年，海尔集团推进互联网战略组织转型，紧扣用户最佳体验，利用与用户零距离的组织，通过全流程并联协同及利益共享、风险共担机制，实现相关利益者价值最大化。

仲娜作为洗涤人力资源接口人，积极推动这次组织变革，通过与各节点的负责人及平台主沟通、梳理组织的定位及职责。

仲娜在这个过程中充当人力资源管理者的引领者，一方面推动组织变革，另一方面推动架构变化，承接网络化模式下的并联交互引领目标，通过全流程用户零距离最佳体验，实现企业平台化、员工创客化、用户个性化。

仲娜扮演的第二个角色是员工沟通师。面对这种重大变革，每个人的看法肯定不一样，甚至有人会存在抵触心理。这就需要沟通，而这项工作的主要完成者就是仲娜。她频繁地向每个小微成员解释变革的意义。免清洗小微成员小李原来是开发部的一位企划工程师，负责一二级市场型号的企划，在组织变革启动沟通会后，她找到仲娜表达了自己的困惑：原来的组织节点已有很多，跨部门沟通很费事，现在再成立一个用户小微与各节点小微对接，效率肯定很低，甚至会成为各节点推诿、不作为的借口，这样用户小微每天就只能充当法官的角色，所以她不想竞争加入用户小微，希望保留原来企划组织的岗位。

员工有困惑不要紧，怕的是有困惑没有解决方案。仲娜向小李说明了用户小微的定位：用户小微是以用户体验最佳为目标、为不同细分用户群提供智慧生活最佳解决方案、与全流程节点小微同一目标对赌、共创用户价值且相关利益者共享价值的并联组织。用户小微的设立就是为了解决全流程并联的问题，通过一次次沟通，小李终于领会了用户小微这个组织的定位与价值，积极报名抢单，最终成功进入免清洗用户小微组织中。她主动与免清洗小微主一起和全流程各个节点小微签订了并联对赌契约，明确了全流程节点同一目标引领的“单”，最终开发节点小微协同资源，提前保障了样机的到位时间，市场节点小微如期开展了营销活动。小李深深地体会到：同一目标是各并联组织必须遵循的，为了满足用户需求，各节点小微应该主动抢单以创造最佳用户体验。

仲娜的第三个角色是倡导者。小微布局的结算来源于抢单，没有单就没有项目，也就没有资金。或者说，亏损的项目或者用户不接受的项目会影响收入。现在海尔的小微模式不按技术划分，所有的小微都可以抢项目。抢单越多，薪酬就越高。从薪酬的角度而言，从给员工发工资，变成员工挣工资，最终都是按照用户需求，也就是由用户来支付员工的薪酬。用户小微组织布局调整后，仲娜作为洗涤人力资源接口人，积极推动用户小微、节点小微、生态圈小微的组织交易结算关系并促使用户付薪小微机制落地。为推进用户付薪机制落地，仲娜多次开展员工意见调研，并召集小微互动沟通会。

首先，仲娜就什么是用户付薪和员工做了讨论。大家对非用户付薪有大体的判断，比如组织包薪、按岗付薪、吃大数、非用户交互……但要具体说出什么是用户付薪还是比较困难。通过现场沟通会，大家进行头脑风暴式的讨论，对用户付薪进行了如下总结：用户付薪就是每个人都面对用户，明确自己的单，各节点的薪酬来自同一目标用户价值的共赢共享、共担风险。用户付薪的原则是薪酬来源于用户，创造的用户价值越大，用户付酬越高。用户不付酬，小微、个人就无酬，无酬的就解约、解散。

其次，仲娜就为什么推进用户付薪进行了现场互动。通过用户付薪能实现与用户零距离接触，快速满足用户需求，实现用户最佳体验；驱动资源开放，吸引共赢共享的利益资源方；统一目标，实现向平台化企业的转型；推动人人创客，促进个人价值的实现。

用户付薪模式在小微推广落地后，驱动了互联工厂提前并联，免清洗的市场效果很显著。

仲娜的第四个角色是激励水平的设定者。以免清洗为例，最开始定的目标是销售量达到 5 万台。目标论证是战略、小微最头疼的一件事，小微大多会保存实力，不敢抢大单，怕完不成。在与免清洗小微确定销量目标时也遇到了这个问题，一开始，免清洗小微依据市场容量确定了 2014 年 5 万台的销量目标。仲娜了解到这一情况后，经过多方调研、沟通互动，最终确定了免清洗全流程同一目标对赌及超利分享的机制，针对不同的拐点目标有不同的激励，比如达到 5 万台，有一种激励，达到 10 万台、20 万台，激励水平都不一样，超出利润目标的话还可以进行超利分享，小微主在这个机制的驱动下主动抢了免清洗 20 万台的目标，并跟全流程节点小微签订了对赌契约。利用确定了拐点的机制，海尔充分调动了员工的积极性。

第八章

体系架构的选择：SDC的设计与实践

HR THREE-PILLAR MODE

THE HR TRANSFORMATION
AND BEST PRACTICES IN CHINESE ENTERPRISES

八

起初，共享服务中心（SSC）的理念是将人力资源管理中大量的重复性、事务性工作整合，提升企业运营管理效率，让 HR 聚焦创造价值的工作。在移动互联网时代，SSC 不仅要提高效率，还要满足员工、管理者个性化的需求，于是中国企业将 SSC 升级为共享交付中心（SDC），其核心是用服务推管控、用产品绑用户、用交付显价值。

SSC 是 HR 配置作战资源的后台

SSC 不止共享这么简单

SSC 是成本驱动下不得不共享的过程。每当提及人力资源部门，人们最先想到的是招聘、薪酬、绩效考核等传统职能。随着新管理时代的到来，人力资源部门不再仅仅发挥支持作用，而是被赋予更多战略性职能，要求为企业提供有更高附加值的服务，参与到更多的一线工作当中。同时，它也被赋予产生更多创新方法和解决方案的职能。

人力资源管理开始转变为战略性人力资源。随之而产生的是企业对人力资源部门更高的要求：从传统的行政事务性工作中解放出来，将更多的精力投入到战略性工作中。在这样的发展背景下，SSC 作为一种有效资源整合的模式，开始进入管理者的视野。

SSC 的概念起源于 20 世纪 80 年代的美国，其原理是将分散在不同业务单元的事务性活动或者需要充分发挥专业性的活动（如财务、人力资源管理、IT 和法律等）从原来的业务单元中分离出来，交给专门的部门运作。通过与内部业务客户签订合同，形成企业内部市场化契约关系，为内部客户提供高质量、低成本的标准化、专业化服务。

对于人力资源管理来说，SSC 是指企业集团将各业务单元所有与人力资源管理有关的行政事务性工作（如员工招聘、薪酬福利核算与发放、人事信息管理、劳动合同管理、新员工培训、咨询与专家服务等）集中起来，建立一个服务中心。通过 SSC 的建立提高人力资源管理的效率，形成更好的服务业务单元。企业集团的人力资源部门则专注于战略性人力资源管理的实施，使人力资源管理实现战略转型。

SSC 中共享是形式，集成是手段，价值场景交付是目的，成本和服务效率是检验标准。企业通过建构 SSC 可以有效结合各业务单元的需求，重新定位人力资源管理，减少各级人力资源管理部门从业人员数量，优化组织机构设置，整合事务性工作，完成流程梳理和流程再造，实现工作标准统一、服务标准一致的目标。

我国许多企业都开始着手建构 SSC。事实证明，SSC 为众多企业解决了人力资源管理的瓶颈问题，达到了整合后“1＋1＞2”的效果。

SSC 适用于什么样的组织

美世咨询公司的两位顾问霍兰（Peter Horan）和弗农（Philip Vernon）在其研究中按照组织结构把组织分成三类：未整合控股公司、未整合联盟企业、整合企业。[①] 他们认为由于组织规模、组织特征和相关人力资源实践的差异化，并不是所有组织都适合构建 SSC。

相应地，在未整合公司中建立 SSC 没有太大的必要。由于组织的自主管理特质，仅有非常有限的资源被共享。相关人力资源实践在这种组织中起指导作用，大部分人力资源从业者是企业内部的，很少有人力资源相关业务被外包出去。

而对于未整合联盟企业来说，它们往往更多关注企业的战略性发展，鼓励联盟下业务单元在流程和模式上具有一致性，人力资源模式和流程以组织的指导方针为基础进行设计、规划，部分流程为联盟间共有，业务单元间有较多的合作计划。[②] 在这种组织特征下，企业存在一定数量的重叠的人力资源管理人员，为了节省成本、提高工作效率，企业可以支持一些服务的共享，将一些业务转移至 SSC。

霍兰和弗农认为具有导入 SSC 最佳条件的企业是整合企业。整合企业对业务单元有强大的牵制力。尽管仍存在因个别单位的

---

① PETER HORAN，PHILIP VERNON. Expanding HR's Global Potential：Shared Service Centers in Multi-Country Regions. Compensation & Benefits Review，2003，35（5）：45-53.

② 王发波．人力资源共享服务文献综述．中国人民大学，2008.

需求产生的差异化，但是公司整体的人力资源管理模式和流程相似度极高，人力资源管理人员在配置上倾向于集中管理，企业内共享的人力资源普遍存在。因此，构建 SSC 是一个明智的选择。

可见，并非所有的企业都适合导入 SSC。企业在正式导入 SSC 时，不可盲目追随潮流，而应慎重分析组织规模、组织特征和相关人力资源实践是否适宜构建 SSC，还需做好充足的准备去迎接未来的挑战。

从金字塔到倒三角的运营模式

尤里奇在 1995 年提出：SSC 来源于企业内部资源共享整合的组织变革过程。

传统人力资源管理中，80%的时间投入只产生了 20%的价值产出，而且标准不一、效率低下。人力资源通才与专才在管理层面呈金字塔状。日常行政性事务占据了多数人力资源从业者的主要工作时间，政策执行、战略分析等核心工作由于员工精力有限很难涉及。然而从附加值角度来看，日常行政性事务产生的附加值是最小的，战略分析产生的附加值则是最大的。这种金字塔状的职责分配模式不仅束缚了人力资源从业者的创造性与工作积极性，而且在很大程度上阻碍了企业的发展速度与规模。

此外，企业内不同区域的人力资源从业者分别从事行政性事务，各个部门内部也存在人力资源相关工作的重合。在这样的管理模式下，既增加了企业的人员成本，又产生了各地各部门人力资源相关服务标准不统一的问题，降低了工作效率和专业性。

SSC 通过人力资源管理“云转型”，重新整合人力资源从业者的工作职责，使得企业运营模式呈倒三角形，如图8—1所示。

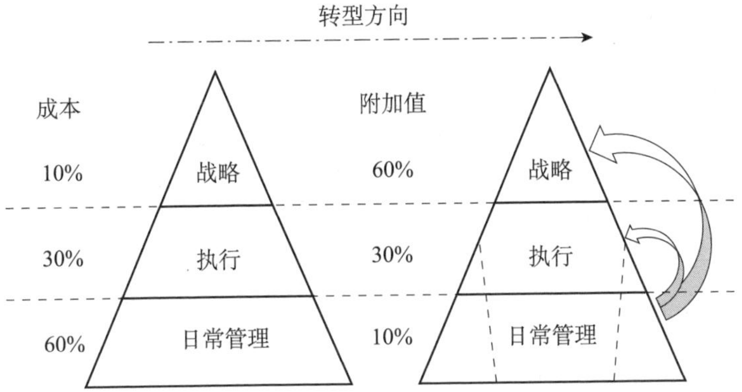

图8—1 人力资源管理组织变革模式

SSC将原本分散在组织内各业务单元的传统人力资源角色、职责、过程等内容聚集起来，全部交由SSC进行标准化统一处理。在这种人力资源管理格局下，原本被行政性事务束缚的人力资源从业者得以解放，将日常行政工作和执行工作交给SSC进行标准规范化操作。这使得人力资源从业者有更多的时间精力投入到战略分析、宏观管理上，真正做到为企业带来更多的附加值。

除了对人力资源从业者个体的影响，SSC对于提高整个人力资源部门结构的灵活性也有重大贡献。SSC释放了人力资源部门的传统事务性工作，让整个部门更专注于战略性人力资源管理。人力资源部门不再仅仅局限于员工招聘、培训等传统职能，作为一个战略贡献者，把更多精力集中在业务和组织改进上，逐步聚焦于员工能力的提升、团队建设的发展和战略绩效的落实。

对于业务部门而言，SSC的建立意味着业务部门可以享受到更专业化和标准化的服务。SSC通过集中服务，建立起统一的服务标准和流程，通过专业分工打造专业化的队伍。这样避免了以前由于各业务单元人力资源工作交付标准的不统一造成的不公平，以及执行标准不一致造成的偏差。此外，SSC 是管理支持部门，它与业务单元是服务与支持的关系。SSC 通过与业务单元之间的有效沟通，深入了解业务单元的需求，及时解决业务单元的当务之急，不仅提高了员工的满意度，也促使业务部门更安心工作，无后顾之忧。

此外，SSC 还整合了企业集中化管理和分散化管理方式，取其精华，去其糟粕，成功创建了一种集中式的服务功能，开辟了人力资源管理的新道路。

在业务分散化人力资源管理模式中，存在人力成本高、人力资源服务标准多样、管控环境不同、各业务部门人力资源相关工作重复等问题。而在企业集中化的管理模式下，问题依旧不少，如难以灵活响应业务部门的不同需求、对业务需求的应答缺乏弹性、与业务接触少导致对业务不熟悉等。

有着效率专家之称的 SSC 将两种管理模式重新整合，提高了服务的优质率；通过有效整合专业的人力资源管理，形成了规模效应，消除了重复性工作；通过合并相应的标准化、自动化流程，从规模中受益，降低了企业的运营成本，提高了企业的运作效率。

高价值与高风险同在：如何搭建 SSC？

随着 SSC 不断发展，中国企业意识到它为企业创造的竞争优势非常显著，不论在降低成本、提高服务质量上，还是在流程简化、知识转移、资源共享上，都发挥了巨大的作用。

尽管SSC有巨大的价值潜力，但是构建起来并非一件易事。除了需要适合的组织规模、结构等外部条件，SSC在搭建过程中还面临观念改变、权力迁移、结构调整、流程梳理、人员调配、文化融合、业绩衡量以及激励实现等内部问题，企业要想顺利解决这些问题并让SSC成功运转，将面临巨大的成本风险及时间风险。数据统计表明，企业自建SSC的失败率接近70%，即便成功建立并正常运转，平均耗时也有5～6年。[①] 那么，如何在高风险条件下搭建一个良好运转的SSC?

首先，需要思考企业是否适合建立SSC。企业在决定构建SSC之前，应思考自身是否正处于不断发展及变革过程中，是否因组织业务的需求急需人力资源转型？企业内是否存在资源分散和配置不均的现象，需要资源共享与整合以提高效率、降低成本？这些问题的答案决定了企业是否急需以及是否适合搭建SSC。

其次，需要有一个准确的核心价值定位。从企业的角度出发，企业需对SSC的存在价值有清晰的认识，HR三支柱的发展应得到同等重视，三者互相支撑、共同发展，不能因只着重发展某一支柱而致使HR三支柱成为“一条腿”。从HR管理者的角度出发，应明确以业务需求为导向的自我定位。人力资源部门不应局限于从自身角度确定SSC的模式与定位，而应积极主动地了解业务部门的具体需求，以真诚的态度从业务的角度考虑问题，从而更好地服务业务部门，为企业创造更大的附加值。

搭建SSC离不开强大的技术支持，包括IT技术的提升、

---

① 王发波．人力资源共享服务文献综述．中国人民大学，2008.

SSC的内容设计、交付模型的设计三个方面。

IT技术支持SSC的平台运营、数据分析。SSC的一个主要任务是为全公司人力资源政策的制定提供数据和信息，通过电话中心或内部网络与直线经理和员工互动。[①] 在进行这些大量标准化或者可以复制的工作时，必须用到远程信息技术。[②] 这些信息技术的应用依赖于组织IT技术的提升。

SSC的内容设计决定了它是否能有效解决公司的效率问题。人力资源部门通常为企业其他业务单元提供三类服务：事务性服务、专业性服务、战略性服务。其中，事务性服务主要指大量理性的、规模敏感的服务（如工资计算、福利管理、档案管理等），而专业性或战略性服务则要根据具体业务部门的情况来设计（如绩效考核方案的设计）。[③] 除了根据工作内容进行服务分类，许多跨国企业还将地域层级因素纳入分类的标准。之所以要进行服务分类，是为了分析当前人力资源部门内部资源与时间的分配情况，哪些资源被众多部门共享，哪些工作是重复性的、可批量处理的。企业需根据自身的情况设计共享服务内容，切不可盲目模仿，直接照搬别人的模式。

SSC的交付模型决定了整个SSC能否有效运行。目前最受青睐的共享服务交付模型是分层服务模型，由Reilly & Williams提出，它把人力资源员工的工作角色分成三个层次：第一层是人力

---

① REILLY P, WILLIAMS T. How To Get Best Value From HR: The Shared Services Option. Gower Publishing Ltd, 2003.

② COOKE F C. Modeling an HR shared services center: Experience of an MNC in the United Kingdom. Human Resource Management, 2006, 45 (2): 211-227.

③ 刁婧文，张正堂．企业构建人力资源共享服务中心的关键要素——COST模型．中国人力资源开发，2016 (12): 26-33.

资源前台办公人员和呼叫代理，这一层的员工直接与客户接触；第二层是人力资源顾问，负责提供关于特定职能规则的更详细的帮助；第三层是人力资源专家，负责解释更复杂的政策和战略层次问题。[①] 在该模型中，人力资源大部分的日常行政工作可以通过第一层得到解决，第二、三层的SSC员工则负责政策规划及战略性活动，如薪酬福利的规划等。企业可以根据自身的实际情况来设计共享服务交付模型，这个模型不仅决定了未来SSC员工的工作方式，也明确了每个层级员工的能力要求。

SSC在中国的实践探索

人力资源智享会于2012年、2013年、2016年分别开展了三次中国人力资源共享服务中心调研工作，调查了不同行业、不同性质的企业在中国建立SSC的情况，从普及率、服务内容、服务职责、运营管理等多个方面对中国人力资源共享服务中心的实践进行了分析。

从调研结果可以看出SSC在中国的普及率越来越高。2012年智享会开展第一次调查时，仅有23%的参调企业建立了SSC，到2013年普及率上升到35%，而2016年的最新调查数据显示，超过30%的企业拥有SSC，计划在未来1～2年内建立SSC的比例为34.72%（见图8—2）。由此可见，中国SSC的搭建虽然不十分普遍，但有越来越多的企业给予关注。

---

① REILLY P，WILLIAMS T. How To Get Best Value From HR：The Shared Services Option. Gower Publishing Ltd，2003.

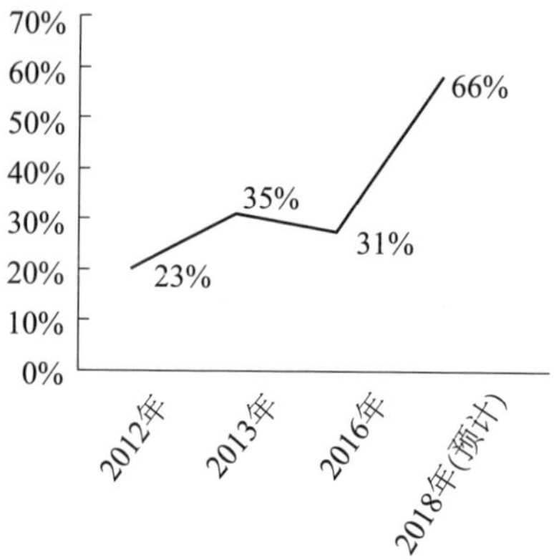

图 8—2 中国 SSC 的普及率

企业是否选择搭建 SSC 主要和企业规模、行业性质有关。SSC 的存在和企业规模成正比，一般大企业为了追求经济效益、降低运营成本、优化组织流程，更偏向于搭建 SSC。而劳动密集型企业、销售导向型企业（如制造业、快消业等的企业）普遍人数较多，搭建 SSC 更为普及，规模效应更为显著。

SSC 的规模效应主要体现在服务比上。SSC 的服务比，即 SSC 的员工人数与服务总人数之比，在一定程度上反映了 SSC 的效率。根据智享会 2016 年的调查结果，完成人力资源日常运营层面所有职能模块（如招聘、培训、薪酬福利等）的 SSC，其人均服务比市场中等水平为 1∶200。一个企业 SSC 所服务的对象越大，其人均服务比就越高，这就是规模效应。

SSC 服务比的高低除了和服务对象的大小有关，还和服务内容的多少有关。SSC 所涵盖的服务内容越多，中心的员工需要处理的事情也越多，因此人均服务比会有所降低。SSC 所涵盖的服务主要有薪酬发放、假期、劳动合同、入离职、社保等行政事务，以及 IT 系统维护支持、数据分析与相关建议。

当然，SSC 的服务内容并非一成不变，会随着时代的发展与技术的更新而有所不同。2012 年 SSC 要负责人员招聘、培训、员工日常薪酬福利等工作。2013 年 SSC 仍集中于行政事务。随着大数据、互联网时代的到来，“数据系统搭建与维护”“员工自主平台的功能完善”等工作被视为 SSC 未来 1～2 年的重点发展内容。2016 年的最新调查数据显示，“员工自主平台的功能完善”等重点发展内容得以实现。近六成的参调企业实现了自助服务，近四成的参调企业实现了移动端的自助服务。从趋势来看，未来企业实现移动端自助服务的比例可以达到 80％。

此外，一些企业出于对财务成本、风险管控与服务体验的考虑，会将部分服务外包出去。根据 2016 年智享会的调查结果，现如今企业人力资源管理使用外包的前三项服务为社保管理、商业保险管理与签证管理。超过两成的企业表示会在未来 1～2 年内将部分职责外包，近一半的企业选择不外包。

SDC 的胜任基因：以服务为本，用数据说话

SSC 的传统基因

SSC 的工作涵盖多个模块，如运营服务、系统建设、信息维护等。这里所探讨的 SSC 胜任素质主要指从事运营服务工作的，而没有延伸到数据、系统等工作的胜任素质。

根据智享会 2016 年的调查，参调企业中设计 SSC 胜任力模型的企业约为 30％，近 44％的企业正在设计或者计划设计。企业

最关心的 SSC 员工胜任力前五项为：以客户为中心、有效沟通、流程管理、解决问题、执行力。不同企业对胜任力的侧重点有所不同，胜任力模型因此分成不同的维度。

博世的 HRS（HR Service）的整体胜任力模型包括流程执行力、沟通能力、客户服务、解决问题能力、持续改善、项目管理、团队合作、领导力八个要素。

新奥通过调研法、访谈法对职位进行系统的分析后，提炼出 22 项素质要求，并根据对业务、绩效的影响程度，将 22 项素质分为 4 个象限（见图 8—3），分别为管理水平、职业品质、个人特质、思维能力。

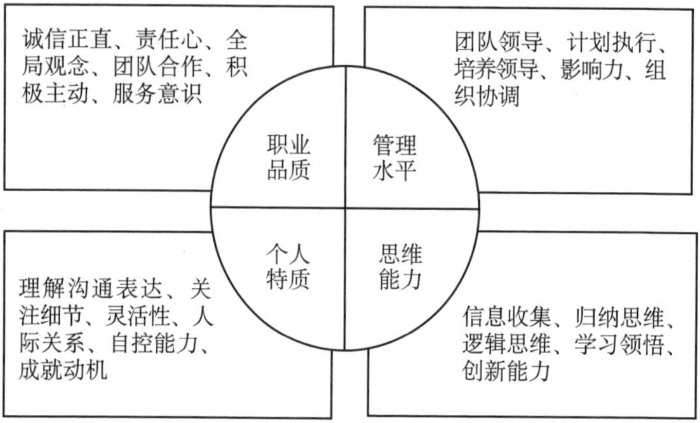

图 8—3 新奥的 SSC 胜任素质

西门子从九个方面给 SSC 的员工制定了职业化行为标准，并对标准进行了等级划分。九个方面分别是：客户需求服务理念、质量观念、职业化行为规范、持续改进的意识、快速回复理念、复核工作习惯、分析性思维能力、高效利用资源整合能力、团队工作能力。

腾讯将共享交付平台员工的能力模型划分为三个类别，分别是员工服务类、平台支撑类、事务处理类。每个类别中按照能力要求的不同，分为通用能力和专业能力，通用能力普遍适用于所有员工，专业能力则是对员工提出的更高要求。

结合部分企业的胜任素质模型以及胜任力通用词典，SSC的胜任素质主要包括如下几点：

- 沟通能力。能够与客户保持良好的沟通，对于客户面临的问题、需求、困扰等，能够耐心倾听并提供力所能及的帮助。
- 服务意识。有帮助或者服务客户的愿望，能够做到从客户的需求出发，满足他们的要求。
- 解决问题。面对纷繁复杂的问题，能够运用已有的知识、技能主动去解决。
- 执行力。有效利用资源完成预定目标。
- 主动性。主动挖掘并响应客户的需求；对客户的问题有清醒的认识并且主动采取行动，帮助客户解决现有的问题。
- 信息收集能力。通过各种技术手段挖掘客户的需求，掌握全面的信息，更好地服务客户。
- 灵活性。具有适应不同环境、不同个性、不同人群并且有效工作的能力。
- 成就导向。希望工作杰出或者超出优秀的标准，通过自我驱动把工作做得更好。

通过行为事件访谈、参与式观察，我们得出SSC的通用胜任素质条目，即SSC的通用胜任素质模型。这些条目包括：专业知识、法律政策知识、产品知识、执行力、情绪管理能力、逻辑思维、品质与标准、运营能力、认真严谨、沟通协调、流程管理、需求管理、担当精神、公仆意识、客户服务意识、红线意识、合作精神、主动性、系统设计能力、平台搭建能力。

移动互联网，i时代的新元素

我们现在所处的移动互联网时代，是一个与传统工业经济时代在量级上相当，但在理念上却完全相悖的一个新的时代。它有以下三大特征：

（1）“互联网＋”特性（internet）

在移动互联网时代，传统企业接轨互联网，一个新的社会现象“互联网＋”横空出世。何为“互联网＋”？互联网＋就是为传统行业加上一对互联网的翅膀，充分发挥互联网在社会资源配置中的优化和集成作用，从而助力传统行业。“互联网＋”在未来几年很有可能变成社会的一个新常态，它对企业管理提出更高的要求，同时一步步改变企业的内部管理特点。

（2）过度社交的个体主义特性（individualism）

随着手机软件、通信行业的发展，网络社交已成为现代人生活不可或缺的一部分，它在给人们带来便利性、娱乐性的同时，也产生了一系列问题，如人们在现实生活中的沟通能力下降，网络社交占据人们过多的时间。

同时，随着劳动力年龄的更迭，管理者面临的员工从80后逐渐转为90后，马上还要迎接00后。新生代的员工有不同的成长背景，随之而产生的是个性化的标签和对个体主义的推崇。

这样一个过度社交的个体主义时代对管理者提出了更高的要

求。管理者需要了解新生代员工最关心什么，他们的核心追求是什么，如何在尊重他们个性的同时把握企业的发展。

(3) 跨界颠覆式创新特性 (innovation)

在快速变化的时代里，革命者层出不穷，不前进则意味着消亡。不断有新的机会被人们捕捉到，也不断有一些老牌企业“被消亡”，机遇与挑战并存。

新的时代——i时代伴随新的社会特征到来。新的时代对组织和人提出更大的挑战，一方面要求组织创造新的管理方式以适应时代的变化，另一方面对企业的员工素质提出更高的要求。

i时代对新能力的要求

SSC作为服务支持性部门，承载着提供标准化、高质量服务的期望，如何在i时代把握移动互联网的发展趋势，关注员工的个性化需求，用新技术创造新工具，从而为员工提供更好的服务体验？这要求SSC的员工掌握更多的知识技术、拥有更高的素质能力。

(1) 用户研究的产品能力

这需要员工有较强的需求洞察能力和用户调研能力。需求洞察能力要求员工能够尊重个体，满足服务对象的个性化需求，深入挖掘用户的需求，让服务对象更自主、更便捷、更触手可及地享受HR服务。同时，还要求员工有用户调研能力，掌握各种调查方法，如问卷调查、访谈等，全方位地获取用户的需求信息。

（2）立体多元的服务能力

这需要员工有较强的应变能力。随着移动互联网时代的到来，HR服务不再局限于PC电脑端，手机移动端的服务需求不断扩大。SSC的员工需要有根据时代的变化不断更新服务技术的意识，主动拓展HR服务渠道网络，让服务对象更便捷地享受服务。

（3）跨界多维的数据能力

这需要员工有较强的数据挖掘、分析、应用能力。我们现在处于大数据时代，全球各地每分每秒都在产生海量信息，对员工的要求不仅仅局限于收集信息这一层面。如何在海量信息中获取有价值的知识和情报，这对员工的数据分析、应用能力提出更高的要求。人力资源从业者不再局限于了解管理学知识，在大数据时代还需要掌握统计学、心理学、计算机等多学科知识，从而更好地服务企业和员工。

腾讯从SSC到SDC的立体式升级

腾讯SDC自下而上的发展过程

SSC作为一个西方舶来品，是IBM根据自身在美国工业发展时代的管理实践提出的一个概念。在中国的今天，它的含义有所不同。

我们所处的i时代是一个移动互联网时代，业务需求对工作的效度和程度提出更高的要求，HR需要有更大的弹性去应对多变性。同时，员工个体主义与自我管理的诉求呼吁企业尊重个性、管理人性。此外，信息化、智能化工具的开发与使用为我们创造了更好的创新空间。

在这样的时代背景下，腾讯希望用一个平台去支撑“联结生态战略”，同时通过服务的方式让“一个腾讯”模式落地。于是，腾讯开启了 SSC 的升级换代之路，以用户对 HR 的需求为核心推动力，建立起产品化、体系化、信息化的共享交付平台（SDC）。

不同于 SSC 注重运营服务工作，腾讯 SDC 包括 HR 信息建设中心、HR 系统开发中心、运营服务中心以及四个区域人力资源中心（北京、上海、成都、广州）。此外，不同于大部分公司自上而下的治理理念和管理模式变革，腾讯 SDC 源自基层用户的需求，而不是上层政策的逐步落实，是一种自下而上的发展过程。它经历了以下发展阶段：

（1）区域需求响应阶段

2010 年以前，腾讯从 HR 部门分出一些人到各个区域里满足不同业务部门的需求，这就是最早的区域人力资源中心的开端。

（2）行政事务减负阶段

在满足了区域的需求之后，腾讯发现总部也存在一些烦琐的事务需要 HR 的支撑，比如，招聘经理每天都需要花大量的时间去处理一些与招聘无关但却是必须要做的行政事务。因此，2010 年腾讯成立了人力资源平台部，帮助 HR 处理烦琐的行政事务，让专业 HR 能聚焦于更有价值的事情。

（3）系统数据融合阶段

腾讯作为一家技术型公司，从来不缺开发人员，但问题却在于开发人员没有 HR 的思维，而 HR 没有开发人员的思维，最后产生的解决方案往往是片面的、不成体系的。这就是腾讯人力资源信息系统之前存在的孤岛现象。2012 年，腾讯对人力资源信息化的整体脉络进行梳理，将各个孤立的信息系统及系统数据进行大整合，成立了 HR 信息建设中心，解决了之前系统混乱、信息分散等问题。同时，腾讯于 2013 年正式成立 HR 运营服务中心，以更好地运营人力资源服务平台，为员工提供满意的服务。

解决了信息化问题、改善了运营服务之后，腾讯又发现人力资源系统开发中的问题：HR 不懂系统开发的专业技术，将系统开发外包出去又存在沟通问题。于是，2015 年腾讯正式将 HR 系统开发中心并入，解决了 HR 运营服务的系统建设问题。

SDC 与 SSC 的区别

腾讯 SDC 就是这样通过一点点实践与探索，逐渐完善整个服务链的，从用户的需求出发，抓住关键问题，逐个击破，发展成如今完善的共享交付平台。

那么 SDC 和 SSC 究竟有哪些不同？图 8—4 给出了答案。

（1）从被动响应到主动关注用户需求

传统的 SSC 是对 HR 事务性要求的被动响应。而 SDC 突破了 SSC 在整个交付链条中只是执行层面的一个环节、视角比较孤立的局限，以用户的需求为出发点，通过深入挖掘用户需求进行超出预期的交付，最大限度地满足用户需求。

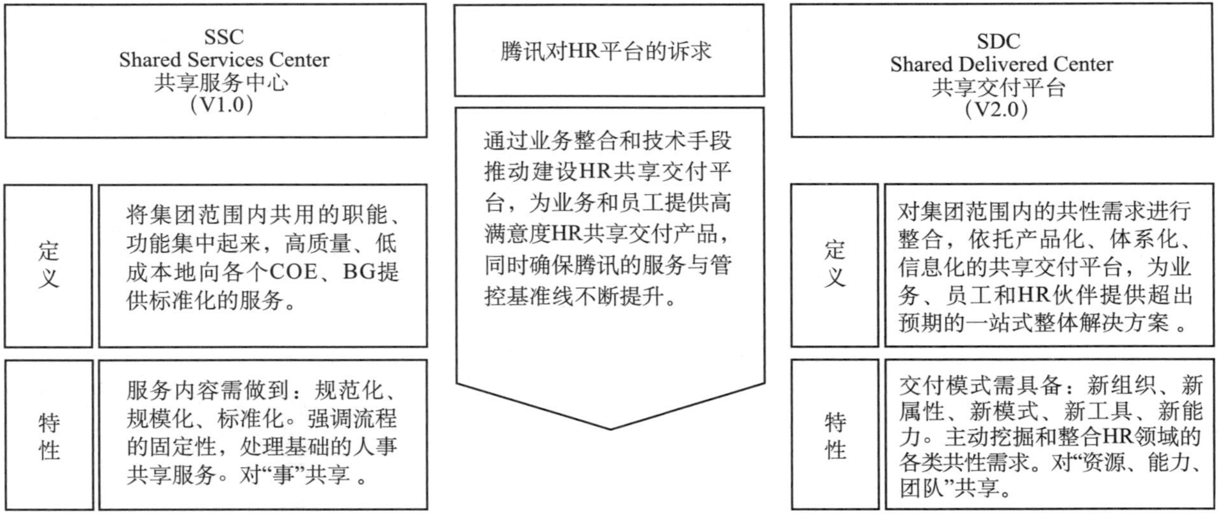

图 8—4　SSC与SDC的差异

（2）从服务于基础人事工作到同时满足多端需求

传统的 SSC 服务内容仅限于规范化、规模化、标准化的工作，强调的是共享和服务于具有稳定流程的基础人事工作。而 SDC 强调工作的灵活性，不仅要求对员工端 HR 基础事务的及时受理，还要求对业务端 HR 共性需求的标准交付，以及对 HR 内部 COE 及 HRBP 端 HR 运营工作的有效剥离和整合支撑。

（3）从共享事务到共享资源

传统的 SSC 是对基础事务的共享。SDC 不是共享事务，而是共享资源，目的是实现交付集中化，承担所有交付服务，包括基础服务和专业服务，通过对资源、能力、团队的共享，达到主动提供一站式交付的效果。

（4）从数据化分析到大数据管理

传统的 SSC 中 e-HR 系统产生的是招聘、培训、绩效、薪酬和员工关系等职能模块的统计数据，SSC 要对这些统计数据进行分析和监控，强调对所有人事工作进行事后总结，是一种滞后的管理。而 SDC 所建立的大数据团队优化了人力资源数据分析能力，能够帮助人力资源管理者进行预测，实现前置管理。

腾讯 SDC 蓝图的勾画

腾讯 SDC 基于需求开创了一种创新工作模式——HR 交付供应链，将 SDC 产品设计与实施过程分成三阶段目标。

（1）第一阶段目标：联结需求——人、信息、服务的连接器

从 HR 减负起步，使平台逐步形成强大的服务承载能力。通过联结的形式来承载战略、对接业务，响应不同角色的需求，建

立触手可及的需求响应渠道。同时，与外部伙伴开放合作，拥抱 HR 服务生态圈。明确标准化是平台运营的基本特征，但不是唯一的衡量标准，强调保持业务的弹性。

（2）第二阶段目标：延伸平台——HR 服务的整合提供者

通过平台化、体系化、流程化、可持续化的模式，把响应要求变成一个平台支持，建立起一个提供 HR 服务的共享服务平台。通过整合的解决方案不断增值，一体化整合 HR 解决方案。由服务到交付，用做产品的思维做 HR 工作，让交付产品更丰富多样。

（3）第三阶段目标：突破创新——探寻 i 时代的服务场景

尊重个体，让每个人更自主、更便捷、更触手可及地享受 HR 服务。通过产品的打磨实现这样一个目标：让用户对产品使用的感知度超出他对产品的期望值，最终带来用户的幸福感、满意度，建立既有针对性又具复制性的 HR 产品交付仓库。

这样的链条其实就是为了推动业务部门更好地使用 HR 共享服务，推动员工在 HR 服务和管控上更多地自管理，推动组织更好地自运转。

在这样的实践探索下，腾讯给 SDC 的工作赋予新的属性，勾画了未来蓝图——让 SDC 工作变得更有用户属性、产品属性、好玩儿属性。

从用户需求出发，交付超预期的服务

优质的服务得益于系统的搭建，在系统搭建之前需要对人力资源业务流程进行梳理，同时充分贯彻落实用户属性。

在流程重构时，SDC面向场景去调整流程。在一般系统建设的思路下，作为互联网公司，业务流程强调弹性，因此在梳理的过程中，为了确保流程的弹性会制造一些缓冲地带，使流程有灵活变动的余地。而在交付思维下，流程梳理的起点是绘制出一幅幅交付状态下的场景图，即HR与员工互动过程中的场景。根据场景图，判断哪些工作是必需的，这些工作目前处于何种流程中，这些流程能否进行整合。表8—1以员工享受公司商业保险为例，列出了传统流程图与场景图的差异。

表8—1　　传统流程图与场景图的差异

	流程图	场景图
流程	员工提交材料—审核—补充资料—审核审批—理赔成功	根据系统指令提交材料—提示办理进程—告知办理结果
特点	耗时长；从人力资源角度出发	快速、进展可见；从员工感受出发

值得注意的是，传统的业务流程图是从业务操作者（即人力资源管理者、审批者）的角度出发而设计的，而场景图是从用户（即员工和管理者）的角度出发而设计的，设想用户感受，继而设计流程，在移动化方式下将中间烦琐的步骤隐藏在后台，最终呈现出的产品能够充分匹配用户心理和使用习惯。

除了系统设计本身所体现的用户属性，SDC的服务内容也充分体现了从用户需求出发，实现“从优秀到卓越”的服务体验。

员工类用户——用自助服务提升办事效率。通过平台，员工不仅可以获得便捷的服务，还有自我发展的渠道与机会。通过员工自主服务功能，轻松搞定HR繁杂的事务：自主取货，通过后台服务，所需物品触手可及；自主打印，通过SDC的数据信息支撑，即时聚焦员工的需求；自主查询，通过平台使长业务流可视化，真正打开业务黑匣，实现流程透明化。通过员工自我管理，实现自我成长与自我驱动。在HR助手的“我的发展”功能中，员工可通过当前能力素质分析，确定“我在哪里”，找到与晋升目标的差距。通过职业规划，确定“要去哪里”，了解自己的职业发展轨迹，确定下一步发展目标。最终根据职位的基本资格要求确定“怎样去”，系统会推荐匹配的学习课程以及学习达人，助力员工进一步提升。

管理者类用户——通过数据及时洞察部门状况。系统为管理者自主选拔人才提供直观的数据分析。在管理者应用平台上，系统为管理者提供应聘者的数据对比，通过清晰的人才标签与人才技能优势的标记，为管理者全面分析应聘者发展的相关数据，帮助管理者更科学地选拔合适的人才。除了人才选拔的应用，SDC的数据分析还应用在多个方面，比如通过分析投资回报率、人力指数等信息，客观反映部门的业务运营情况，及时发现异常，准确定位问题。

腾讯的用户属性除了强调从用户需求出发，还要求SDC与HRBP，COE等内部客户达成共识，作出领先于用户心理预期的体验设计。例如，腾讯采取集体的方式对员工劳动合同进行批量续签，在集体的氛围下，增加了员工的荣誉感，增强了员工对企业的归属感。同时，SDC还提供VIP上门服务，为用户提供更高质量的服务。

用做产品的思维做HR，走进腾讯的“产品化HR”

腾讯的“产品化HR”主要从两方面体现：一是腾讯利用信

息技术将 HR 的服务打造成可使用的产品；二是腾讯将做产品的理念贯穿于 HR 服务中，为用户带来更好的产品体验。

想要将 HR 的服务打造成可使用的产品，离不开信息技术的支持。腾讯将人力资源信息化归纳为四个阶段：数据线上化→流程线上化→数据整合→高质量人力资源服务。前三个阶段是系统建设的必经之路，第四个阶段则是实现人力资源管理落地的重要阶段。腾讯将“高质量人力资源服务”称为“交付”，即将线下传统的人力资源选、用、育、留的流程与线上的人力资源系统相融合，打造一体化的基于全员的人力资源产品。对员工而言，只需采购并使用该产品，无须掌握烦琐的产品构成，即可享受优质的人力资源服务，真正实现人力资源管理落地。这种产品化的思维强调的是实现端到端的可定制、可自选的 HR 产品，通过不断的升级、打磨将 HR 工作做到极致。

腾讯作为以产品制胜，占据市场一片天地的大型互联网公司，除了技术的支持，也离不开理念的引导。腾讯做产品的理念最突出的特点就是以用户为中心，从用户的角度出发，挖掘用户最深层次的需求，制作出超出用户预期的产品，做到比用户还懂用户。这种做产品的理念同样贯穿于腾讯 HR 的服务当中。

腾讯产品化 HR 思维最具代表性的交付产品之一就是 HR 助手。

在移动互联网时代，手机无疑是离所有人最近的信息化工具，因此相较于基于 PC 端的大型套装软件的使用，腾讯 SDC 将目光聚焦于移动端，希望打造一款便捷、高效的工具，推动员工管理朝“自驱动”和“自管理”的方向发展。于是，腾讯打造了“HR 助手”这一内部使用的微信号，将大量与员工相关的人力资源业务与人才管理应用植入其中。“HR助手”涵盖多个功能，如人才管理类功能——“我的发展”、人力资源服务类功能——“办证明”等。

“我的发展”是“HR助手”中的一个菜单选项，员工进入“我的发展”项目，即可看到公司员工的平均发展轨迹与自身发展轨迹的对比，若发现自身发展慢于公司平均水平，员工则可进入“加速”模式，系统提供三种加速方案：(1) 在线选修与自己能力缺失相关的课程。(2) 发现周围标杆人物：系统自动为员工搜索公司内自己下一职级中的标杆人物，员工可自行与其建立联系，作为学习榜样。(3) “升级宝典”：公司将所有通过职级晋升的员工在晋升考核中的答辩案例整合为“升级宝典”，供员工自行查阅和学习。部门管理者同样可以查看部门员工的发展轨迹与公司平均水平的对比，由此采取针对性措施。

“我的发展”功能的背后有大量人力资源管理的逻辑和业务，但将这些人力资源管理运营工作用系统化思维呈现后，交付给员工的是最简易、与员工个人最直接相关的服务。利用信息技术，员工可以通过“HR助手”这一产品享受到最优质的服务，这体现了腾讯将HR服务做成产品的技术能力。

此外，这项产品促使员工意识到个人发展是与自身息息相关的事，而不是由HR来推动和监督，由此提升员工“自驱动”的意识和行为，继而产生“组织自发展”的效果。从员工的角度出发，思考如何提高员工的能力及自驱动意识，满足员工的自我成长需求，这体现了腾讯将做产品的“用户需求”理念融入到HR服务当中。

同样，“HR助手”中的“办证明”服务也体现了腾讯HR服务的产品化思维。它是腾讯为员工提供的一项便捷服务，员工只需在“HR 助手”中输入所需办理的证明的关键词，即可提交办证明需求，系统后台收到指令后有专人为员工办理，办理完毕后通过微信提示员工前往最近的 HR 窗口领取。

这项看似简单的服务涵盖了不少业务流程，但是通过移动化的呈现方式使业务流程隐藏在后台，员工只需以最简单的方式提出需求，这大大提升了员工的产品体验，同时其便捷性和高效性充分凸显了移动化人力资源服务的用户关怀理念。

关注乐趣与个性，随时随地玩转企鹅帝国

好玩儿属性更强调乐趣与个性、便捷与创新。数据表明，“乐趣”在吸引人、留任、合作等方面是一个很重要的因素。

腾讯通过云、H5、移动端实现了 HR 服务简单有趣、直观好玩儿，做到让服务触手可及。为了让新员工更快、更好地融入新集体，腾讯给每个新员工都戴上一条类似 QQ 企鹅身上的“红围脖”。通过一个简单的移动端操作，让新员工轻松搞定与入职有关的一切事项。从入职前的准备，如健康承诺、填写入职信息、提交工卡照、准备入职材料、特殊需求申请等，到入职当天的现场办理指引、办公设备准备、融入部门活动等，腾讯从员工角度出发，考虑到所有新员工可能面对的问题，通过移动端的服务传递公司从用户需求出发的理念以及对员工的关怀，让组织离员工更近一些。

同时，不管是页面设计还是服务内容都体现了腾讯作为互联网企业的创新与个性化。新员工可以通过移动端的“缘分雷达”

服务，在公司内寻觅校友、老乡、前同事，这有助于新员工快速融入集体。

SDC的好玩儿属性体现了腾讯对员工个性化的关注与互联网企业的创新精神，产品的好玩儿属性不断吸引员工并使其产生依赖，推动员工通过移动端智能化地解决与人事有关的问题，既提高了人力资源工作的效率，又给员工带来了很好的用户体验。

BAT的大数据人力资源管理

大数据时代的降临

现在的社会高速发展、科技发达、信息流通，与之相伴的是信息爆炸产生的海量数据，我们称为大数据时代的降临。IBM认为大数据的特征有4个V：数据量大（Volume），数据量级别从TB跃升到PB，甚至ZB级别；数据类型多（Variety），包括音频、文字、视频、图片等多种形式；价值密度低（Value），如何在海量的数据中快速完成数据的价值“提纯”，是大数据时代亟待解决的难题；高实时性（Velocity），大数据时代数据更新速度快，要求更高效地处理、反馈有效信息。大数据的典型特征将我们带入一个观念迅速转变、商业价值潜力无穷的新纪元。

维克托·迈尔-舍恩伯格作为“大数据商业应用第一人”，在其著作《大数据时代》一书中提到了大数据时代带给人们的三个颠覆性观念的转变：

（1）更多：不是随机样本，而是所有数据

过去，我们收集数据受到时间、精力、财力的限制，更多采用抽样调查。而在大数据时代，我们可以分析更多数据，有时候甚至可以处理和某个特别现象相关的所有数据，而不再依赖于随机抽样。

（2）更杂：不是精确性，而是混杂性

过去，数据采样要求个体数据的精确性。而在大数据时代，我们不再痴迷于精确度，只需掌握大体的发展方向即可，适当忽略微观层面上的精确度会让我们在宏观层面拥有更好的洞察力。大数据接受混杂性，更多关注有效性。

（3）更好：不是因果关系，而是相关关系

过去，做数据分析时首先提出一个主观因果假设，然后收集数据来验证假设，这是因果关系。而大数据讲究的是寻找事物之间的相关关系，相关关系也许不能准确地告诉我们为何会发生，但它会提醒我们这件事情正在发生。

除了观念的转变，大数据的商业价值日益成为人们关注的焦点。通过科学合理地运用数据，使大数据变成更具决策力、发现力和流程优化能力的信息资产，从而为企业创造巨大的商业价值。

HR 如何借大数据这股东风

（1）SSC 与大数据

大数据在人力资源管理领域的应用主要体现在对人才的分析上，即和人有关的所有方面，如薪酬、绩效、员工离职率等。通过利用大数据的思维、方法及技术，研究与探索人力资源管理，从而为企业人才方面的决策提供含金量高的依据。

目前，对于大部分企业而言，人力资源领域产生的数据还处于MB这个级别，而BAT作为互联网大巨头坐拥数据金矿，办公过程的数据可以达到GB级别。回到人力资源管理领域，SSC在整合人事共性工作的过程中，录入、整合企业大量的人力资源数据。随着人力资源数据的增长，加上BAT拥有先进的大数据分析理念与技术，这让BAT的SSC不约而同地实施大数据人力资源管理，试图将大数据作为其产品、服务在分析和预测领域的延伸，实现人力资源转型成为价值创造者的目标。

（2）HR从业者与大数据

人力资源从业者如何用大数据思维、方法武装自己，实现用数据说话，为业务提供有科学依据的决策支持，如组织活力分析、人力资源价值计量、人才潜能评价等？当HR遇上大数据，应循序渐进地自我提升量化思维能力。首先，HR要以统计学为基础，掌握最基本的描述统计分析，对大数据进行粗放的趋势分析。其次，HR要了解数据之间的关系，掌握相关、回归、聚类等方法。这类方法可用于分析企业中的员工行为与HR结果数据（如绩效、满意度、离职倾向等）之间的关系。最后，HR要学习决策树等机器学习方法，分析人力资源大数据。现代大数据分析方法不同于经典的组织行为学分析方法。后者重在解释，其建立的模型强调员工行为、态度等与结果数据的因果关系。实际上，这类模型的解释力不尽人如意，即使构建了复杂的具有中介、调节机制的模型，也无法说其真正还原了因果过程。同样研究A与B的关系，如员工行为与个人绩效的关系，经典分析试图解释A

到底如何影响B，而现代大数据分析技术中的机器学习不将焦点放在模型的解释上，而是将A到B的过程看作“自然”或“黑匣子”，机器学习通过算法建模，模型直接用于预测（见表8—2）。

表8—2　经典与现代的人力资源数据分析

	经典的组织行为学分析	现代的大数据人力资源分析
数据关系	因果	相关
优势	解释	预测
建模方法	数据建模	算法建模

资料来源：吕晓玲，宋捷．大数据挖掘与统计机器学习．北京：中国人民大学出版社，2016.

百度：e-HR＋3.0走向卓越的时代

（1）人力资源信息化建设之路

2010年前后，百度的人力资源组织架构随着业务高速发展、人员快速扩张，发生体系化的变革，开始明确运行HR三支柱模式。其中的SDC从此开启了一段价值优化提升之路。百度在e-HR系统建设的基础上，经历了几个阶段的迭代发展，从SSC转型升级为SDC。百度人力资源信息化建设发展历程见表8—3。

表8—3　百度人力资源信息化建设发展历程

阶段	内容	侧重点	角度	HR状态	HR地位	业务价值
1.0阶段	工资核算、发放	结果	静态	被动	低	小
2.0阶段	全流程生命周期管理、多维分析报表	流程	动态	较主动	较高	较大
3.0阶段	大数据助力数据与业务	价值	互动	主动	高	大

第一阶段，2011—2012年，公司的人力资源信息化处于基础应用阶段。此阶段的人力资源信息化主要体现在人力资源主数据库（Core HR+Payroll，其中包括组织、岗位、人事、薪资信息等）的运用上。其中，SDC主要承担工资核算、入离职等事务性和流程性工作。HR处于被动的立场，寻求点对点的解决。

第二阶段，从2012年开始，百度进入人力资源信息化全面发展与提升阶段。2012年是百度人力资源信息化最重要的一年，HR与IT成立联合项目组，打了一场人力资源信息化“战役”——集中优势兵力，利用一年时间重新打造HR系统，敏捷开发，快速迭代，实现“入离升降调，选育用留出”建设的一步到位。

在这个阶段，SDC除了事务性、流程性工作，在员工管理上更看重全流程生命周期管理，并引入多维度分析的BIEE[①]报表分析，通过报表数据观测组织的健康状态，并且逐步引入移动化自助服务。

第三阶段，2013年年底，百度开始打造e-HR+3.0走向卓越的时代。在业务转型和高速扩张的环境下，百度需要HR从组织资本和人力资本的角度协助业务决策，HR的工作重点提升至为业务产生价值——通过更具交互性的系统，利用大数据预测、控制和分析组织变革和人才发展。[②]

在百度人力资源信息化建设的各个阶段，工作重心以及任务是不同的，从基本的工资核算、发放，到全流程生命周期的管

---

① 一种有效的数据分析模型。

② 百度：人力资源共享服务中心创新实践．人力资源智享会HREC. 微信，2016.

理，再到大数据助力战略与业务，侧重点由结果到过程到价值，HR 的状态由被动到主动，地位越来越重要。①

在六年左右的发展历程中，百度 SDC 经历了几次极为关键的迭代更新，其中最为瞩目的当属始自 2013 年的利用大数据助力战略与业务的改造——利用大数据挖掘的方式在人才和组织管理上为业务提供科学的决策支持，并且建立员工“生活、学习、工作、发展”的完整服务生态圈，在提供高度自动化服务的基础上，让 HR 拥有更高的战略视野，为业务发展及人才战略规划注入价值。

（2）百度 SDC 大数据的创新实践：“才报”系统

百度 SDC 作为 HR 服务的总端口，汇集了海量数据。但是数据是死的，如何让死数据变成活数据，让数据也能说话，这是 SDC 面临的最大挑战。

2014 年，百度在 SDC 的 HR 信息管理部成立人力资源大数据实验室，联合外部咨询机构，尝试搭建数据化、智能化的“才报”系统，通过函数、建模等方式让 HR 掌握的数据更有价值、更有意义，为业务决策提供令人信服的真凭实据。

百度从无到有地从系统层、数据层、分析层、展示层四大层面，系统地搭建了“才报”平台的完整架构。底层是系统层，主要负责收集数据。数据层负责存储与清理数据。分析层主要负责数据的初步加工和场景分析。百度建立了自己的指标体系，拥有人才管理、运营管理、组织效能等 200 多个关键指标，涵盖了人和组织的分析维度以及所有 HR 职能的衡量维度，从而更好地进

① 百度人力资源系统与运营共享平台高级经理王崇良先生在“2016 人力资源技术与服务大会”上的主题演讲。

行场景分析、模型分析、自定义分析（见表8—4）。

表8—4　　百度数据分析指标体系

A. 人才管理	B. 运营管理	C. 组织效能	D. 文化活力	E. 舆情分析
A1. 组织结构	B1. 招聘管理	C1. 成本	D1. 入职来源	E1. 内部信息
A2. 员工结构	B2. 薪酬管理	C2. 收入	D2. 离职去向	E2. 外部咨询
A3. 人才队伍	B3. 培训管理	C3. 收益	D3. 纵横向流动	E3. 第三方报告
A4. 个人状况	B4. 绩效管理	C4. 组织再造	D4. 敬业度	E4. 预测
A5. 高潜	B5. 离职管理	C5. 预测	D5. 满意度	
A6. 预测	B6. 预警		D6. 预警	

人才配置指数：A1，A2　　人才质量指数：A3，A4
运营效率指数：B1～B5　　人才敬业指数：D4，D5
人才回报指数：A5，C1～C4　　组织气氛指数：A6，B6，C5，D1～D3，D6，E1～E4

最上面一层是一站式的大数据服务平台——展示层。在用户端，“才报”系统主要用团队、人才、业务、行业4大模块加以呈现，不同层级的员工拥有相应的数据权限和不同的应用与服务模块。

团队模块向经理及以上层级管理者开放，主要展示辅助团队管理的相关数据和信息。人才模块是员工大数据画像呈现平台，普通员工可搜索到公司内任何员工，查看其职业路径、人才标签、大数据画像等基础信息。对于经理及以上人员，除了查看基础信息，他们还可在系统中进行为所属团队员工增减人才标签、员工比较等人才管理层面的操作。业务模块更多涉及个人、团队业务目标以及达成情况的展示。行业模块呈现的则是系统通过大数据抓取的行业资讯。除了4个分析模块，系统中还有一个“数据中心”，用户可在上面查看、定制权限范围内的各种数据分析内容。[1]

(3)“才报”系统的实践应用

在“才报”系统中，对人员发展和组织运行至关重要的分析数据（如人才齐备率、离职率等）都设有“警戒线”，系统会通过红灯（警告）、黄灯（提醒）等直观的形式，告诉用户当前组织和个人存在的问题。用户点击这些数据，就可以看到对未来可能发生情况的预测、对问题产生原因的分析、相应的决策建议等丰富的内容。[2]

组织健康度分析是“才报”系统的一个应用。百度对组织健康度从四个角度进行了定义：贡献意愿、留任意愿、组织创新、核心价值观。通过大数据分析，可以有效地分析组织健康度的现状并预测未来存在的问题，防患于未然。

如对人员齐备率的分析，系统通过同比分析发现某个团队关键岗位的人员齐备率比上年有所降低，而达到人员齐备所需要的时间为两个月，那么系统会提前至少两个月的时间亮起红灯，提醒团队负责人和相应的 HRBP，防止因团队人员不齐备导致团队目标无法完成。

“才报”系统在选、用、育、留多个方面发挥了重要作用。通过对大数据应用的探索，百度还成功应用系统进行了更科学的 360 度评估。在以往的 360 度评估中，同事的选择大多由 HR 或主管来确定，百度通过“才报”系统计算出与被评估者工作关系最紧密的人，让系统来推荐合适的人选进行评价。同时，系统让 HR 和主管对人选名单进行调整，保留了灵活度，使 360 度评估的结果更加客观真实。

---

①② 百度：人力资源共享服务中心创新实践．人力资源智享会 HREC. 微信，2016.

阿里巴巴：掘金大数据，在人力资源管理上创造价值

（1）“阿里最挣钱的是数据”

随着信息技术的发展，在全球的各个角落每分每秒都产生海量数据。这些数据犹如一座巨大的金矿，蕴藏着未知的价值。如果不对其进行开采，庞大的矿山只不过是一座外表普通的山。一旦意识到里面潜在的巨大价值，通过得当的方法对其进行深入挖掘，你将收获巨大的利益。

作为电商巨头之一，阿里开启了自己的掘金时代。马云曾说过：“阿里最挣钱的是数据。”随着大数据浪潮的来袭，阿里提出了“数据、金融和平台”战略，前所未有地开始重视对数据的收集、挖掘和共享。为了让数据驱动阿里的电商帝国，公司还成立了横跨各大事业部的数据委员会。阿里通过实践，真正演绎了如何用数据去挣钱。

● 精确匹配广告，直击消费者痛点。阿里通过数据分析消费者的消费需求和消费习惯，根据消费者往日的浏览信息推介相关商品，并且进行广告优化，匹配消费者的消费需求，直击消费者的痛点，增加了交易成交量。

● 信用评估，蚂蚁金融的崛起。互联网金融企业最大的难点在于用户履约能力和信用的甄别，阿里通过大数据分析轻松解决了信用评估问题。2014 年蚂蚁金融旗下的芝麻征信拿到央行下发的个人征信牌照，为互联网金融企业提供风险评估、贷款后的政策监控等服务，成为国内首批获得该牌照的商业征信机构，足见其长远布局。

● 阿里健康，医疗数据的应用。阿里健康通过存储的数据为医药企业提供市场评估决策、销售优化、渠道治理与跟踪、供应链管理等服务。[①]

（2）阿里的大数据在人力资源管理领域的实践

大数据分析在人力资源管理选、育、用、留、出各个模块都发挥着巨大作用，阿里的绩效考核制度从年底考核调整为秋季考核就是基于大数据分析做出的决定。

通过对数据进行分析得到往年的业绩水平，从而对当年的业绩水平进行预测。秋季考核时，如果低于往年的业绩水平，则要求管理者采取针对性措施对相应的员工进行业务调整，同时考核结果也会对员工施加一定的压力，激励员工冲刺以赶上甚至超出平均水平。通过考核提前的做法，让员工和业务部门在年底考核前有一个相应的调整期，从而减少年底考核不达标的情况。

虽然大数据分析具有一定的预测功能，但它也不是百分百准确，尤其是在预测与人有关的数据时，因为人力资本具有主观性、能动性，会根据外部环境的变化随时进行调整。但也正是因为这一点，阿里的秋季考核才发挥了巨大的作用，通过提前考核激发人力资本的潜力，最终获得了更高的业绩水平。

腾讯 SDC：从信息化到大数据人力资源管理

（1）从信息化到大数据人力资源管理的演进历程

2010—2011 年，腾讯公司在对市场和内部人力资源信息化现

---

① 马云称阿里最值钱的是数据，问题来了：怎么用大数据挣钱？.［2015-02-13］. http：//bg. qianzhan. com/report/detail/300/150213-383a9c5e. html.

状进行深入调研和分析后设计规划方案，正式启动人力资源信息化项目，并将该项目分为三期重点执行。第一期：将信息“孤岛”（即孤立的信息系统）及系统数据进行大整合。第二期：提升应用型人力资源业务流程对员工的辅助和支持作用。第三期：加强数据决策力，提升人力资源服务质量。

2012年，腾讯启动换“心”工程，采购并实施了ORACLE People Soft系统，应用其核心人事（Core HR）及Payroll模块，集成内部人力资源数据，搭建起人力资源管理的统一结果库，并将外围其余模块的应用端以接口的形式关联至People Soft主系统，员工可直接操作界面相对亲和友好的外围应用端，保持较高的用户体验度。

2013年，腾讯SDC与微信团队合作，开发了基于移动端的人力资源产品——HR助手，以微信企业号的形式为员工提供便捷、快速的人力资源服务，逐步推动员工自发展与自管理。

腾讯人力资源管理部门进行了一系列探索。2014年，SDC内部成立了人力资源大数据团队。2015年，COE邀请外部顾问建设活力实验室。腾讯人力资源部门进行了一系列项目探索，处于从信息化到大数据人力资源管理过渡的阶段。

信息化人力资源是以人力资源职能管理（人力资源规划、招聘、培训、绩效、薪酬、员工关系等）为框架，在计算机及移动端等向员工、管理者提供人力资源管理服务的系统。系统包含提供信息化HR服务的硬件、软件、通信网络基础设施。

大数据人力资源管理，是以人力资源管理过程中产生的海量过程、结果，以及员工行为等类型的数据为出发点，在大数据分析技术、经验、工具的支撑下，向员工和管理者提供人才方面有实时性或洞察力的决策的平台。平台包含提供大数据人力资源决策的有形资源、无形资源及人力资源。

从演进的角度来看，大数据人力资源管理较信息化人力资源管理在分析能力方面有质的变化。信息化人力资源管理可以划分为三种分析能力：统计、问题分析、监控。统计阶段的工作是对所有人事工作进行统计，生成人力资源报告。问题分析阶段的工作是在数据中发现问题，生成人才的问题分析报告。例如，管理者在离职率数据中看到异常情况，于是做一个离职率的问题分析报告，找到并分析问题。监控阶段的工作是通过系统实时、自动地发现问题，生成人力资源预警报告。监控的作用非常大，无论是统计、问题分析还是预测阶段，都可以用到监控。

信息化人力资源管理做到位后，实现的是基于统计、问题发现和监控的人力资源，其逻辑路径是提前设计好的。传统的数据分析多是事后总结，是一种滞后的管理。大数据人力资源管理则要求帮助人力资源管理者进行预测，实现前置管理。

（2）人力资源大数据基础设施的搭建

腾讯人力资源管理的数据包括结果数据、过程数据、行为数据和心理数据。结果数据是信息化人力资源阶段，e-HR 系统产生的招聘、培训、绩效、薪酬和员工关系等职能模块的统计数据。过程数据是各个信息系统的用户操作日志以及操作轨迹。行为数据是关于员工行为和行为发生时环境的观察报告。每个员工每分每秒都在产生行为数据，数据量大，是真正意义上的大数据。因为行为数据不限于人力资源职能模块，收集数据时边界超越了 e-HR 系统，而且行为数据涉及员工隐私，所以收集行为数据有很大的难度。心理数据是指员工的情绪心情、性格倾向、行为动机等分析观察和测评类数据。

大数据的处理需要一个良好的平台，为此腾讯开启了人力资源大数据基础设施的建设，SDC 在整个建设过程中发挥着不可忽视的作用。

e-HR 一般分为三层，自下而上分别是源数据层、建模层、应用层，而腾讯的人力资源大数据架构多了一个派生数据层，如图 8—5 所示。

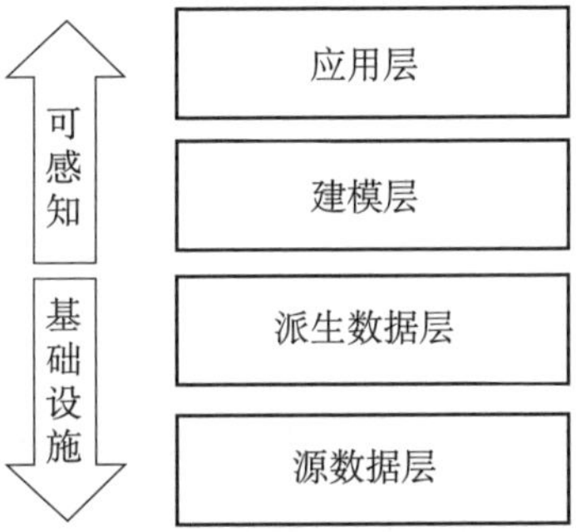

图 8—5 腾讯人力资源大数据基础设施的架构层次

● 源数据层。这一层关心的问题是数据汇集和数据质量。腾讯人力资源管理的源数据基本来自 HR 职能模块（招聘、培训、绩效、薪酬等）产生的结果数据。员工过程数据和行为数据分散在腾讯的各个体系里。行为数据、过程数据将成为突破传统结果数据的关键，其拦截与分析在技术上已不成问题，但法律道德方面的阻碍较大。

谷歌人力资源管理的源数据层有过程数据和行为数据。百度人力资源管理数据库也开始纳入过程数据和行为数据。腾讯对过程数据把握较为严格，高层对使用员工内部沟通、聊天等隐私信息进行分析是比较抵制的。

目前，腾讯 SDC 与源数据层的关联最多。首先是数据信息维护类服务。数据信息一方面由 SDC 的工作人员在系统操作中产生，包括员工转正、数据提取、荣誉数据维护、权限维护、校招生信息更改、简历入库等。另一方面，员工通过企业微信中的“HR 助手”自助办理事务也会产生源数据。其次是权限配置和系统运维。包括人力资源系统的权限维护、清理和监控，SDC 自建系统的运维。最后是数据安全和质量。包括数据安全审计，数据质量规范梳理和需求响应，监控运营。

● 派生数据层。原则上说，直接用到源数据的机会很少，一般是大量使用派生数据。派生数据层关心的是分析的效率和标准化，建立全面、统一、易于调取的派生数据，如员工的司龄等于当前日期减去入职日期。

目前腾讯 SDC 的派生数据层较薄弱，这会带来什么问题？以离职率为例，离职率可以有不同的算法，比如，算法 1：离职率＝期间内离职人数/[（期初人数＋期末人数）/2] ×100％；算法 2：离职率＝期间内离职人数/预算员工人数×100％。如果每个使用离职率的人都要利用原始数据计算，不仅浪费时间，而且不同人采取的方式不同，结果也不同。好的派生数据层存储的数据远大于源数据层。

● 建模层。这一层关心的问题是，如果要进行问题分析，那么分析应包括哪些模块。数据建模是问题分析的思路或逻辑大纲。

● 应用层。这一层关心的是数据对业务的支撑。腾讯人力资源管理从客户的角度为人力资源体系内部客户（COE，HRBP，

SDC）提供决策支持、运营监控和专业研究；从用户的角度为管理者提供管理辅助，为员工提供个人自助数据服务。例如，SDC 的管理者应用平台，SDC 的 HR 在后台进行数据提取、报告制作和数据分析。管理者能在 PC、移动端上直观、清晰、实时了解团队的人事信息。COE 的活力实验室主攻应用层，有很多预研性的大数据分析，为管理者提供决策参考。

（3）大数据人才的演进

腾讯 SDC 根据业务需求，自下而上建立了信息建设中心、系统开发中心等，形成了部门内的产品闭环。腾讯 SDC 的人力资源大数据团队的人才讲究跨界，他们拥有人力资源、管理咨询、人力资源信息化、数据库、系统开发等领域的一项或多项技能、知识、经验。

比较来看，谷歌侧重于学位背景多元化。谷歌的人力资源部门有一个由十几名名校毕业的统计学、组织行为学（工业心理学）博士组成的分析师队伍，专门研究不同的人力资源政策和员工绩效之间的关联，并根据研究结果随时调整薪资福利、晋升制度等，确保员工队伍始终处在良好的工作状态。腾讯 SDC 的负责人指出，腾讯人力资源大数据团队需要懂人力资源、组织行为学、统计学的研究型人才。

（4）大数据人力资源实践的探索

人力资源管理者从数据和事实分析中获取价值，为企业提供前瞻性的业务洞察，降低企业用工成本，通过人才地图发掘人才战略信息等。这些实践有助于企业绩效提升，使企业获得持续竞争优势。腾讯紧扣战略进行了一系列大数据人力资源实践。

● 对离职进行预警的“红线”项目。“红线”项目是由 COE 的活力实验室牵头、多部门联合进行的大数据分析项目。项目基于员工的行为数据，如员工离职前会有何异常表现，总结规律。当其他员工有这些表现时，系统向管理者预警，管理者采取适当的保留方案或继任者方案。

● 降低运营量的“先知”项目。腾讯于 2013 年建立了 HR8008 员工服务热线，为员工提供快速找到 HR、获取专业人力资源知识的一站式服务。HR8008 热线日常有大量运营工作，“先知”项目的目的是通过对运营大数据进行分析降低运营量。

利用以往的数据，可以找到事物的规律。团队根据同期员工问询的数据，预测什么时候将是某类业务咨询的高峰期，例如，通过对 2014 年、2015 年的数据进行观察，发现 7—8 月份是“实习生留用考核”问题咨询的高峰期。团队人员抓取几个关键时间节点，提前做好 Q&A（问题及解答），并将其接入门户热点问题及搜索后台知识库，员工可以快速找到相关解答，既减少了重复的问询，也提升了员工的满意度。

未来的人力资源管理者不用出现，员工感受不到人力资源管理者的存在，这才是比较理想的状态。2016 年以前，团队将咨询升级量作为 KPI（关键绩效指标）来考核，绩效的导向是人均咨询量、处理量越高越好。2016 年实施“先知”项目以后，理念转变为员工的人均问询率、咨询升级率越低越好。

● 助力员工招聘与保留的员工稳定性分析项目。为提升招聘环节的效率和效果，人力资源管理者将腾讯历史上所有的员工按照稳定程度分成多个样本，通过对大数据的挖掘找到与稳定性相关的典型特征，建立起能够识别候选人稳定性的数学模型。招聘系统进一步应用数据分析结果，自动根据应聘者的简历对候选者的稳定性做出评估，向负责招聘的人力资源管理者及业务负责人提供决策建议。这个分析同时也为后续招聘以及保留环节提供参考。

此外，腾讯还用大数据助力组织诊断，探索一个产品或项目团队：团队的人力配置有什么特点？这是一个有活力的团队吗？2012年以后，《腾讯月刊》开始发布图腾栏目，该栏目借助数据分析和图形呈现，对管理者、员工关心的员工健康、企业发展、行业动态等主题进行大数据分析、预警、预测，为管理者、员工提供现象解释和决策参考。

腾讯从信息化到大数据人力资源演进是从量变到质变的过程。人力资源部门在信息化人力资源阶段，始终围绕选、育、用、留等职能模块的结果数据进行统计、问题分析与监控。而在大数据人力资源阶段，人力资源部门主要进行数据预测。与e-HR阶段相似的是，大数据人力资源分析的落脚点是人力资源选、育、用、留相关的问题，例如识别潜在的优质人才、管理员工的健康水平、帮助员工积累成熟的工作经验、改进员工绩效表现和完善员工工作习惯等。但是，大数据人力资源管理所采用的数据并非只由人力资源职能模块产生，还有大量人力资源职能结果数据以外的行为数据、社交数据、环境数据等。通过这些数据，人力资源部门能够更全面精准地预测企业人力资源问题，这是对e-HR阶段人力资源数据分析的一个重大颠覆。

大共享平台：瞬间实现华丽转身

中兴：SSC探路者

尤里奇曾经说过，让HR做更专业的事情，把价值小的事务性工作外包出去。选择外包的企业通常是小企业，大企业由于规模较大，为了追求更高的经济性往往选择自己搭建共享服务中心；搭建的方法有两种：一种是从人力资源管理的角度出发，建立独立的共享服务中心；另一种则是打破部门界限，从企业整体角度出发，建立综合的共享服务中心，即大共享服务中心。

什么是大共享服务中心？大共享服务中心是将多个部门的工作集中起来，如财务、人力、IT、大数据、行政等，建立一个统一的服务中心，提供标准化的全流程服务。通用电气（GE）最早探索了这种模式，以员工在GE内部调动到子公司为例，员工只需发起一个需求，后续的劳动关系、财务关系、汇报关系就会快速自动办好，整个过程犹如转身一样简捷。通过这种方式既可以发挥规模效应，节约成本，同时也有助于保证这些职能的质量和一致性，打破部门墙，为员工提供一条龙服务。

目前已有部分企业选择采用大共享服务中心模式。根据智享会2016年的共享服务中心中国现状调查，在90家参调企业中，约19%的企业采用综合性共享服务中心的形式，另外81%的企业构建的是单独的共享服务中心。在我国诸多企业中，中兴是其中一家选择搭建大共享服务中心的企业。

2005 年，中兴通讯引入财务共享服务管理模式。

2007 年，中兴在借鉴国外跨国企业成功经验的基础上结合自身的实际情况，引入了人力资源共享服务中心，成为最早实施 SSC 的中国企业。

中兴通讯人力资源共享服务中心将入职、离职、社保、户口办理等日常事务性人力工作剥离出来，通过明确服务规范标准，为员工提供高效率、优质量、标准化的服务。

同时，中兴通讯人力资源共享服务中心还提供多样化的服务方式，除了传统的柜面服务，还设有热线服务和贵宾上门服务等。

中兴通讯人力资源共享服务中心的一大特色是具有“服务延伸”意识，即共享服务中心的服务不局限于解决员工当前的问题，还会考虑到员工后期的需求和可能面临的问题，提供“一条龙”服务。如新员工的入职服务，除了新员工入职当天的资料填写、申请办理等服务，共享服务中心还会为新员工提供后期培训、融入组织等服务，真正做到从员工的角度出发，提供高质量的“一条龙”服务。

本着“为公司员工提供满意的 HR 共享服务”的基本价值目标，中兴通讯人力资源共享服务中心经过一段时间的运作取得了较好的效果。但是随着业务放缓，中心的建设面临巨大挑战。为了探索更高效率、更低成本的发展模式，中兴踏上了大共享服务中心的征途。

中兴的大共享服务中心主要集中的是财务、人力等部门的事务性工作，通过工作的集中与整合，提供信息化的高效处理服务，打破传统的分节分部门处理的模式。比如员工出差，以往员工需要到自己所在部门进行申请，到行政部门订机票，出差回来到财务部门提出报销申请，所有的流程跨越多个部门，耗时耗力且效率低下。随着大共享服务中心的搭建，员工只需进行简单的申请，共享服务中心即可提供“一条龙”服务，帮助员工轻松搞定多个部门的事务。

海尔：“人单合一”双赢模式下的大共享

2005 年 9 月，海尔提出了“人单合一”的全球化竞争模式。“人”指海尔的每一名员工，“单”是具有竞争力的市场目标，“人单合一”就是每一位员工都要与最有竞争力的市场目标相结合，实现协同共享、共创共赢。

人单合一双赢的最初含义就是把员工和用户、市场联结到一起；所谓“双赢”，就是员工在为用户创造价值的同时体现自身的价值。按照人单合一双赢模式的要求，遵循“集中的更集中，分散的更分散”的原则，海尔于 2007 年建立了人力资源共享服务中心。

目前，海尔的共享服务中心不再局限于人力资源，而是逐渐拓展到其他职能领域，包括 IT、信息、大数据、法务、税务等，真正实现了共享。通过职能合并，为用户即员工提供标准化的服务，让员工有美好的体验。

不同于中兴的大共享服务平台侧重事务性的整合，海尔追求的是职能性的整合。

中兴的大共享服务平台好比一根绳子，将原本分散于各个职能部门的事务性工作串联起来，形成一个流程链。在这种整合模式下，虽然打破了各个部门事务性工作的分散性，但是并没有打破其独立性。各部门的事务性工作没有完全融为一体，只是简单地合并以达到流程化的效果，仍然会产生冲突和矛盾，出现各个部门不协同、各自为政的情况。

海尔的大共享服务平台真正推翻了部门墙，实现了各个部门工作的协同性，为员工提供全套协同的整合性服务。海尔打破了职能部门之间的壁垒，要求大共享服务中心的员工掌握复合的知识，不仅要精通自己所在职能领域的知识，也要了解其他部门的业务技术，比如人力资源管理者也要懂财务。在这种整合模式下，共享服务中心打破了各个部门事务性工作的独立性，将所有事务性工作完全融为一体，推动各个部门协同发展，真正实现部门职能的整合。

海尔于 2011 年对 HR 三支柱架构进行了系统改造，共享服务中心变成跨职能墙的服务中心，构成五平台的 SHARP 模型。①

---

① 五平台包括资源创新平台、领域业务平台、人才吸引平台、创客孵化平台（海尔大学）、共享平台。

第九章

中国企业推行HR三支柱变革的挑战

HR THREE-PILLAR MODE

THE HR TRANSFORMATION
AND BEST PRACTICES IN CHINESE ENTERPRISES

在探索 HR 三支柱的过程中，中国企业面临不少挑战，无论是领先企业的前瞻思考，还是后来者的积极推行，都很难真正建立起系统性的 HR 三支柱模式。这些困境和挑战带来进一步的思考：基于中国的实际情况，未来 HR 三支柱可能会实现怎样的升级与重构？

HR 三支柱实践过程中的困境

HR 三支柱在实践中面临的困境主要涉及战略、组织、人才和 HR 三支柱本身几个方面。

中国企业实施 HR 三支柱仍然是机会导向大于战略导向

有战略不等于战略导向，很多企业在实施 HR 三支柱时仍然是机会导向。[①] 战略导向与机会导向的区别是，机会导向能意识到战略的重要性，并在某种程度上出现“战略热”。战略导向是指有战略意识，具有做出正确战略决策的战略思维，和战略落地实施相匹配的组织结构与人才素质。因此，在缺乏战略导向的企业中推行和实践 HR 三支柱虽然有一时风气，但难以接地生根。

---

① 彭剑锋．机会主义时代已终结，要么战略要么死亡．华夏基石 e 洞察．微信，2017.

彭剑锋教授认为，在很多已经实施、部分实施和将要实施 HR 三支柱的企业中，人力资源部门普遍追求人力资源管理领域的热点，盲目追捧 HR 三支柱变革，这是一种项目导向的投机思维。战略导向的 HR 三支柱实施是从组织的战略核心业务和核心竞争力出发，思考组织架构、组织人才与产品战略的匹配性，找到理想与现实的鸿沟。人力资源战略就是在这个匹配过程中形成的。有了人力资源战略，人力资源部门再从人力资源架构、HR 人才与人力资源战略的匹配性方面进行考量，看看实施 HR 三支柱的价值。如果有必要实施 HR 三支柱，再选择实施哪种模式的 HR 三支柱，如增长导向的 HR 三支柱、成本导向的 HR 三支柱。这样可以确保人力资源管理始终在业务战略、组织架构和人才核心能力的培育上花精力、下功夫。

中国企业组织架构仍以直线职能型为主

互联网的快速发展在为全球经济注入活力的同时，也给组织变革带来了巨大的推动力。中国企业目前大多数还是采用传统的直线职能型组织架构。这种组织架构的特点是以职能进行分工，业务流程很清晰，但是层级过多，官本位思想严重，不以客户为导向，不能及时对市场的快速变化做出反应。

在知识经济时代，人们可以看到越来越多流程森严、程序井然、按部就班的公司正在失去快速反应能力；那些组织扁平、灵活机动、放手人才各自为战的公司却可能冲出混沌，在乱中取胜。HR 三支柱的核心是：上要对接战略，下要贴近业务，能够应对市场的快速变化，所以要求组织平台化，业务流程、组织架构扁平化。新的时代、新的模式，要求企业进行组织变革，从职能制组织走向有机性组织，原来费尽心思建立起来的组织结构和流程体系需要解构甚至抛弃，否则难以适应当前的人才争夺和市场变化。

人力资源部的内功心法仍需修炼

人与组织关系的颠覆性重构给当前组织的人力资源管理带来了前所未有的挑战。作为人力资源管理体系设计和实施的组织者和监控者，人力资源部的运行质量关系到整个企业的人力资源管理水平。HR 三支柱模式也对人力资源部提出了许多新的要求，上要紧跟战略，下要贴近业务，支柱间既要明确分工又要相互协同，组织内部 HR 的价值创造依托于人力资源管理的跨界组合。这些新的要求无疑是对中国企业人力资源管理内功的一大考验。目前中国绝大多数企业的人力资源部的战略层次、视野不够高，人力资源在组织中的量级规模不够大，人力资源管理者的能力还不够跨界。这些问题使 HR 三支柱模式在推行时难以达到预期效果。

当新的组织结构和经营管理模式出现、人与组织的关系实现重构时，人力资源管理者需要建立起新的思维体系和能力体系。人力资源部门要考虑如何适应企业战略的需求、业务发展的诉求、人才竞争的要求，去研究和设计企业战略业务发展所需的人力资源产品与服务，满足企业与员工的需求，为企业提高效能做出贡献。这些能让人力资源部真正实现从较低层次升华到战略管理层次。

HR三支柱模式自身的问题

战略、组织、人才是HR三支柱成功的必要条件，然而组织要想真正赢在HR三支柱，还需要思考HR三支柱模式自身的问题。

(1) HR三支柱未达预期

HR三支柱模式自创立至今已有10年，在众多跨国经营、采用矩阵式管理的大企业得到长足的发展。在这个过程中，三个HR支柱都有最优实践产生，但也出现明显的两极分化现象。在更广泛的实践中，三个HR支柱的角色难以达到理论的预期。

第一，COE在企业中“上不来，下不去”。COE在如下方面未达到预期：首先，COE作为专家“上不来”。比较有前瞻性的研究、政策制定应该由COE牵头，COE要经常诊断一些问题、研究一些事情、研判一些方向、解读一些趋势。但是目前看COE，运营层面的东西仍然占很大比重。其次，COE在HR三支柱中“下不去”。大部分COE没有沉到下面的具体业务部门接地气地去调查、研究，了解HRBP的需求，而且缺乏指导业务的基本经验及阅历。最后，很多企业领导文化、官僚作风比较严重，没有树立起专家文化，这让COE很难发挥专家的作用。

第二，HRBP难以“自杀重生”[①] 成为战略业务伙伴。HRBP在设计时被寄予厚望。HRBP了解业务，可以驱动业务部门的管理变革，可以为业务提供前瞻性的人才战略地图，是非常

---

① 管理思想家、海尔的张瑞敏经常在演讲中提到“自杀重生”“他杀淘汰”，用以说明自我突破的困难与必要性。

高大上的工作。然而，HRBP在如下方面未达到预期：首先，由于业务部门的人不了解甚至质疑、抵触人力资源管理，导致HRBP在融入业务团队的过程中阻力重重，如果连融入关都没有过，HRBP就很难真正参与业务经营和战略规划制定。其次，很多企业中HRBP像是COE在业务部门的延伸，HRBP光执行COE制定的各项招聘、培训、绩效政策和制度就花了80%的时间和精力。最后，随着业务部门不断扩张、人员规模持续扩大，HRBP的高层由于思维惯性往往采取被动应变的策略，通过增加HRBP人员投入的方式来满足业务的增长，而非自我颠覆，在能力上进行系统性提升，在工作中使用“变焦镜”来聚焦核心问题，成为提供前瞻性洞察的战略业务伙伴。

第三，SSC未能与时俱进地进行角色升级。首先，SSC的工作停留在工业时代1.0版本的共享服务中心（SSC），即重视效率的提升，没有与时俱进地升级到重视平台化、产品化、个性化员工服务的2.0版本的共享交付中心（SDC）。很多企业出于成本考虑，认为SDC不适合自己。这种借口是站不住脚的。随着云服务、人工智能的发展，企业已经有能力低成本甚至零成本地升级自己的共享服务。其次，数据化管理难达预期。中国的大量企业还没有完善的信息化平台，没有数据和平台作为支撑，SSC或SDC的实施如无本之木、无源之水。即便有些企业开展了信息化建设，SSC或SDC汇聚了公司大量的人力资源数据，但SSC还停留在报表、算数阶段的信息化人力资源管理，缺乏对数据的理解，不了解HRBP的真实需求。最后，很大一部分企业不重视SSC，甚至HR三支柱在没有SSC的“瘸腿”状态下运营，SSC沦为“打杂”的角色，这让SSC的员工缺乏专业自信，导致平时工作多是在交差，而没有交付的意识。公司业务下滑也不是减少SSC投入的好理由。减少对SSC的投入不利于HR三支柱的均衡发展，会造成更大的损失。

（2）HR三支柱的定位与四角色不匹配

四角色是尤里奇在“未来是HR的未来”这样的愿景下对人力资源角色的重构。以前人力资源是从选、育、用、留、出等职能出发，现在是从“成果”出发。四角色涉及战略联结、变革推动、效率提升、员工服务。四角色背后的基础是能力，可以分为个人能力和组织能力。个人能力是指HR应具备四角色对应的胜任素质，即战略思维、业务知识、员工服务意识等，个人能力的成果是人力资源与人才资源的有效配置，人力资源服务以及员工满意。组织能力指效率提升和组织变革，组织能力的成果是组织文化与领导力。尤里奇认为，HR作为效率专家，通过流程再造可以从组织层面实现四角色。以HR三支柱定位战略价值、业务价值、平台价值的架构是一种组织层面的四角色实现形式。

然而HR三支柱的价值定位与HR四角色的匹配不够清晰，体现在：四角色中的战略伙伴指向COE还是HRBP？变革先锋指向COE还是HRBP？员工后盾指向HRBP还是SDC？HR三支柱弱化了传统职能的垄断地位，正在形成HR新的建制，包括各支柱HR的胜任力、岗位设置、职业通道、绩效指标、就业市场、培训认证体系、最优实践、理论研究、出版物等。如果HR三支柱与四角色在能力方面有很多交叉，那么HR在个人能力上发挥更多的是通用能力而非专业能力。这不利于HR专业分工，从而影响到HR三支柱未来的人才选拔、培训、职业发展。

(3) HR三支柱是HR协同问题的救世主吗?

根据尤里奇教授的观点，人力资源管理的四角色、三支柱模式实质上是以HR工作的成果作为起点[①]，这一目标导向在一定程度上能够确保HR工作的产出，分别由各支柱支撑起“对战略的执行”“高效的基础事务”“提高员工的承诺与能力”“创造一个崭新的组织”等重要方面。关注点的转变势必会导致顾此失彼的现象。

实践中，HR人员在具体的人力资源活动或者工作中无法像之前一样明晰自己的工作流程、岗位的权限与职责。具体来说，传统人力资源管理按照流程模块划分，选、育、用、留、出每个职能都有一个HR职能部门承接相应的工作，如招聘团队负责全部的人才选拔与甄选流程，绩效薪酬部负责全部的员工激励与保留流程等，虽然这样的部门设置会导致各模块间缺乏协同，但至少某一项人力资源管理工作的全部流程是连续的，在一个部门内是闭环的。

HR三支柱的实施解决了HR各模块间缺乏协同的问题，因为每个HR支柱内都有一套完整的选、育、用、留、出的班子。以人力资源管理的招聘工作为例。在HR三支柱中，COE以战略目标为导向，根据组织内外部情况制定人力资源招聘方案，使人力资源策略与业务战略保持一致，COE扮演的是战略性角色。HRBP负责将COE制定的人力资源招聘方案在具体业务部门落地，深入了解业务部门的需求，确保招聘方向的准确性以及人员—工作的匹配性。SSC则主要从基础的事务性工作方面提供支

---

① 戴维·尤里奇. 人力资源转型：为组织创造价值和达成成果. 北京：电子工业出版社，2015.

持，在招聘中往往承接职位的发布、简历接收与筛选、候选人面试安排、背景调查、入职流程办理等具体的流程性工作，一般情况下，相对于另外两个 HR 支柱，SSC 更多依托于人力资源管理系统以提升人力资源流程的效率。

上面叙述的是一个理想的情形，但是在企业实施 HR 三支柱模式时，HR 三支柱的分工与协同并没有那么完美。由于远离业务，有时 COE 并不能完全理解业务战略的需要，在制定人力资源招聘方案的过程中会忽略实际的业务问题，导致解决方案无法反映业务部门的需要，HRBP 也就得不到战略性指导，而 HRBP 与 COE 没有明确的汇报关系，于是 HRBP 便在人才济济的业务部门寻找“内部专家”，长此以往，COE 作为 HR 的神经中枢，其制定的政策、制度在业务部门无法有效推行。从 SSC 的角度来看，由于 SSC 更多面向直接用户，例如在简历筛选环节，他们在长期的系统操作中接触到丰富的简历资源，积累了简历与岗位要求匹配程度的大量数据，因此可以开发功能更强大的系统，实现面向业务部门的需求进行简历推荐。尽管这一做法可能会带来效率的极大提升，但与 COE，HRBP 之间可能会有职责范围的交叉，HR 三支柱内部会纠结于各自的职责。应该由 COE 还是 HRBP 来主导系统功能需求、SSC 是不是更加劳苦功高等问题层出不穷，甚至会导致 HR 三支柱各自为政。

总的来看，HR 三支柱模式将选、育、用、留、出每个职能的流程链生生拆分给三个 HR 支柱，导致 HR 面临每个具体模块工作时，不能清楚地判断自己是否应该承担该项工作职责，如果履行职责，应该做到什么程度，如何与其他支柱的 HR 人员进行工作的衔接等。由此可以看到，协同问题此消彼长，HR 三支柱消除了各职能模型间缺乏协同的问题，但增加了每项职能工作内部的协同问题。

HR 三支柱的升级与重构

HR 三支柱的升级

(1) SSC 的升级：从 SSC 升级为 SDC

从 SSC 升级为 SDC，离不开四个方面的升级工作。

第一，工作价值观及动机的升级，从职能导向到客户导向。SSC 是被动承接共性的职能工作，SDC 是主动关注共性的需求。职能导向是从 HR 自己擅长的领域、上级要求的角度思考客户需求，客户导向则是从内部客户需求出发，重新审视现有工作，为客户创造价值。

第二，服务对象的扩展，从服务客户延伸到服务客户＋用户。客户是 HR 三支柱中另外两个 HR 支柱（COE 和 HRBP），用户是使用 HR 产品的员工和管理者，客户和用户的需求有差别，SDC 要与另外两个 HR 支柱达成共识，为员工和管理者创造惊喜。这样的升级明确了 SDC 兼有效率专家与员工后盾的角色。

第三，工作职责的升级，从服务到交付。服务是以日常工作和项目的形式进行的，交付是以产品的形式进行的。开展日常工作与项目时，SSC 以一次性通过任务检查为目标。做 HR 产品时，SDC 以为用户、客户迭代出有价值的人力资源精品为目标。

第四，运作模式的升级，从职能运作升级为平台运作。SSC

是“对事”，SDC是“对资源、能力、信息”。“对事”是职能中心的运作模式，只能满足员工最基本的要求，缺乏自己的价值主张。“对资源、能力、信息”是平台的运作模式，能为员工提供解决方案，有自己的独特价值，以服务驱动战略。

(2) COE的升级：建立“能上能下，能左能右”的机制

首先，针对COE作为专家“上不来”，在HR三支柱中“下不去”的问题，作为HR神经中枢的COE，除了有知识、会研究，还要有经验、有阅历。总结起来就是COE未来要能上能下，能左能右。能上能下是指COE内部要有竞争淘汰机制，要设立做研究的指标，制定解决问题、提出方案的评价标准，让专家在竞争中脱颖而出。能左能右是指要建立轮岗、兼岗的机制，让COE积累业务经验和组织变革的经验，凭借工作经验、阅历给出解决方案也是理想的COE专家。

其次，以COE为首，人力资源管理回归研发属性。COE日益重视对标杆实践的情报研究，结合大数据对组织结构、组织活力、员工心理与行为进行科学研究。人力资源群体在COE的影响下，将会吸引跨界人才，如懂用户的市场营销人才，能开发实用好玩的人力资源产品的软件开发、系统架构、智能硬件领域的人才。总之，以COE为代表的人力资源群体将具备研究性、研发性、开发性等属性。

最后，COE要成为问题定位专家。COE要从解决问题转向发现问题，目前专家的成长与评价体系用通俗的语言说是这样的：一开始他参加过一个项目，然后项目做大了、做成了，再后来他又牵头了几个类似的项目，总结出一套方法论，最终他成为专家。这种成长路径和评价体系下的专家有资历、经手项目多，

但这顶多是一个经验型、知识型专家。最初这个项目是怎么来的，是为解决什么问题而产生的，对这种专家来说仍然是“黑箱”。未来COE更多地要破解“黑箱”，定位问题。

如果自己定位不了问题，可以邀请跨界的内部专家、外部专家和第三方顾问等“外脑”。COE未来要建立能定位问题的“外脑”团队，这要求专家是接地气的，而不是满脑子理论。这些专家要能够了解业务，了解企业文化，发现问题，进入企业情境想问题。

（3）HRBP的升级：从激励转向赋能

针对HRBP难以“自杀重生”成为战略业务伙伴的困境，HRBP要从传统的辅助业务负责人转型成为业务负责人的领导力教练，向业务负责人赋能，让其掌握人力资源管理技能，提升自身管理能力和水平。阿里巴巴副总裁曾明认为，HRBP的赋能体现在组织文化层面，通过营造正能量的文化氛围，让业务团队更自主，员工愿意在文化驱动下付出、拥护、共创。HRBP的赋能还体现在促进人际互动的组织机制、环境设计上。人和人之间的互动机制、环境的设计对组织的有效性可能远大于对个体的激励性。

此外，HRBP还可以在以下方面进行自我提升：第一，在工作中关注业务所处行业的趋势，向业务部门提供战略性洞察和分析。第二，培养量化思维，工作紧密结合大数据，依据数据诊断业务团队战斗力，制定有针对性的绩效发展方案。

HR三支柱的重构

如果说HR三支柱的升级是在现有的“四梁八柱”的基础上

进行夯实优化、走出灰色边界进行自我赋能和成长，那么 HR 三支柱的重构则希望从体制上、架构上直接给予规则的界定和对应，避免靠单模块英雄主义来维系和支撑 HR 三支柱的运作。HR 三支柱重构，一个是加法（四支柱），一个是减法（双支柱）。

（1）四支柱模式：建立整合变革中心

针对 HR 三支柱的定位与四角色不匹配，以及 COE 由于与 HRBP 没有明确的汇报关系，使其制定的政策制度在业务部门难以落地的问题，彭剑锋教授提出在现有的 HR 三支柱模式的基础上增加整合变革中心（Integrated Change Center，ICC），从而形成四支柱模式。ICC 更加适用于全球化经营、有全球文化一致性诉求的公司的 HR 三支柱模式。

从职能来看，ICC 向上充分把握 COE 制定的战略政策，向下深入业务推行变革，指导各国家、区域、事业群的 HRBP 团队，策划变革路径，落地 COE 的全球政策和变革方案，对人力资源部门支持全球整合的公司战略起到关键作用。

从角色定位来看，ICC 将原来由 COE 和 HRBP 支柱负责的人力资源变革工作分类，变革中的软性要素，如企业文化、员工积极性、变革中的领导风格等仍由 COE 和 HRBP 负责，而硬性要素，如变革的持续时间、变革过程管理、团队和人员能力提升等则由 ICC 专门负责。由于在变革方面更具有专业性，ICC 对应尤里奇的四角色模型中的变革先锋角色，这样四支柱与四角色进一步对应，有利于专业分工和专业建制。

对于实施 HR 三支柱的中小企业，ICC 也有设立的必要性和价值，它能促进更多贴近一线业务的 HRBP 参与变革，激发群策群力，减少变革阻力。中小企业由于规模小，管控难度相对较低，建设ICC时，不一定非成立一个部门，也可以组建一个实体或虚拟团队。

(2) 双支柱模式：聚合COE和SDC

中国企业HR三支柱是强联系的HR三支柱模式，这使得HR三支柱之间能够以更低的成本实现更复杂资源的流动，强化了联系，但也会出现决策短视、不灵活等问题。例如，某个政策或项目在实施前必须在利益侧重点不同的HR三支柱间达成共识，这往往需要部门间的妥协和让步，使政策或项目的效果打了折扣。即便政策或项目在HR三支柱间达成共识，由于涉及三个部门，政策或项目发现问题后很难调整，因此政策或项目的机会成本就会增加，HR三支柱运营的惯性加强，不利于人力资源部门的可持续发展。

管理学中有一个双元性理论，原意是说运动员的双手同样灵巧，在这里用来隐喻组织要想基业长青需要对两类看似相互冲突的创新活动——探索式创新和应用式创新——加以组合，实现共存。一种理论认为组织从结构上分别设立进行探索式创新、应用式创新的部门，可以实现组织的双元性。人力资源部门亦可从组织结构上设立这样两个部门：一个部门放眼中长期，进行人力资源管理的探索式创新，如在组织内进行人力资源管理研究、实验，打破传统职能模块探索新的人力资源职能，打造异质性、跨界人力资源团队，对人力资源管理政策、项目进行更灵活的调整或变革。另一个部门聚焦中短期，主要进行人力资源管理的应用式创新，如在业务部门以解决问题为导向使用人力资源各模块知识和技能，以实用为原则，在业务部门对人力资源探索式、原创性的创新加以利用。双支柱模式确保了人力资源持续为组织创造价值。

如何从 HR 三支柱转型为双支柱？当未来人力资源管理的共性需求可以通过外包与人工智能来满足时，彭剑锋教授提出了一种思路，即合并 COE 与 SDC。合并的支柱主要进行人力资源管理的原创性创新，HRBP 支柱主要进行人力资源管理的应用式创新，利用原创性创新为业务创造价值。为什么合并的是 COE 和 SDC？因为二者殊途同归。COE 是人力资源战略的代言人，SDC 是人力资源产品的代言人。战略最终的落脚点是产品创造价值，产品只有衔接战略才是可持续的。COE 和 SDC 合并后的部门从人力资源战略性产品的角度出发，专门从事人力资源产品研发、人力资源行业研究、人力资源战略与政策制定等探索式创新工作。HRBP 熟练运用招聘、培训、绩效、薪酬等职能模块的资源，同时对 COE 和 SDC 的最新成果，如大数据人力资源决策建议、行业人才地图、领导力模型等加以利用。HRBP 这个支柱总结起来就是在业务部门从事人力资源管理的应用式创新工作。

双支柱模式还有两个好处：第一，在政策制定后，COE 与 SDC 有很高的跨部门沟通、培训成本，COE 与 SDC 的整合将使政策的制定和推行在内部闭环。第二，解决了 SDC 在工作中容易被当做所有“杂事”的集中处理机构、地位相较其他两个 HR 支柱偏低的问题。

第十章

HR三支柱与人力资源管理新趋势

“回归商业本质”“回归管理原点”，这些来自商学院教授的话语像警钟一样，时刻告诫管理者不要被“黑天鹅”事件扰乱思路，不要轻易相信某些“风口”现象真会被写进下一版教材中，成为新理论。随着大数据、人工智能技术日臻成熟，机器或许能代替管理者做出更理性的决策，帮助企业适应复杂的环境。未来多少管理理念、跨世经典、管理常识将会被颠覆？

HR 三支柱的升级仅是人力资源组织结构的升级，面对环境、人性的复杂，结构升级本身不能解决所有人力资源管理问题。只有引发人力资源管理的整体升级，包括人力资源管理技术的升级、人力资源管理者自身理念的升级与能力的发展，人力资源管理才能适应未来环境、科技的变化，为组织更好地创造价值。

大企业平台+小公司精神的自组织设计

组织设计一直是人力资源管理领域的一个重要命题。实践过程中，组织设计包含以下三种情况：一是新建的企业需要进行组织结构设计；二是原有组织结构出现较大的问题或企业的目标发生变化，原有企业组织结构需重新评价和设计；三是组织结构需进行局部调整和完善。[①] 在移动互联网时代，技术的快速发展在

① 刘松博，龙静．组织理论与设计．2 版．北京：中国人民大学出版社，2009.

给企业注入活力的同时，也给传统的组织设计带来巨大的冲击与颠覆，传统的直线职能制逐渐被新的组织结构取代，员工的权责利等方面也相应地发生变化。大企业平台＋小公司精神的自组织趋势越来越受到关注，实践领域的探索也层出不穷。

互联网企业“项目式、小团队”的新模式

技术的发展为互联化、灵活的小团队提供了具有强大支撑作用的平台，公司可以基于业务发展和客户的需要，以项目制的方式组建团队，并授权团队完成相应的任务。尽管平台模式早就存在，但互联网时代的到来为这一模式的兴起提供了巨大的推动力。正如索尼前董事长出井伸之所讲：“新一代基于互联网的企业的核心能力在于，利用创新模式和新技术贴近消费者，深刻理解消费需求，高效分析信息并做出预判，而所有传统的产品公司只能沦为这种新型用户平台级公司的附庸，其衰落不是管理能扭转的。”①

互联网企业在运作过程中，“项目式、小团队”的特征尤为明显，如阿里巴巴的“大中台、小前台”、腾讯的 FT（Feature Team，特征团队）、韩都衣舍的小组制等。事实上，企业更像是由不同类型、不同规模、不同业务方向的各种小团队构成的组织，各个小团队以项目为导向，团队成员之间通过高效协作致力于共同目标的完成。项目结束后团队随之解散，人员流动至新的项目中。团队的项目运行往往依靠大平台的支撑，一方

---

① 平台化组织的兴起，预示着组织变革进入新实践轨道．BCG 波士顿咨询．微信，2016.

面，小团队需要从平台端获取项目所需的产品技术资源和大数据决策支持，实现灵活、精确的对接，及时满足客户的需要，直击客户的痛点；另一方面，大平台有效聚集了小团队的共享资源，保证沟通的直接顺畅，减少信息的不对称性，在提升效率的同时激发了员工个体的工作积极性，企业内部逐渐形成有序的管理机制。

以阿里巴巴为例，它将构建符合大数据时代的更创新灵活的“大中台、小前台”组织机制。“大中台”是指支持一线业务决策、向一线提供资源的平台，现以事业群的形式呈现在组织架构中，它具有强大的运营数据能力、技术能力、产品能力。淘宝、天猫、聚划算、天猫国际等分属不同的业务模块，在内部资源方面有着共性需求。“大中台”搭建了模块化的平台资源自由市场，可供业务部门直接调用。①“小前台”是前端业务，为了对瞬息万变的市场实现自适应，“小前台”在组织设计、机制设计方面强调团队自主性，使其能更敏捷、更灵活、更快速地决策。阿里影业的“小前台”由5～7人组成，做他们自己想做的事，一个负责人管理小组工作。以采购版权为例，小组结合客户的需求，自主选择拟采购版权的类型——是古装类、言情类还是悬疑类，自主决定是自己编剧还是找外部的人编剧。总之，小组围绕客户需求自主决策、快速行动。这种“项目式、小团队”的新型模式在很大程度上充分发挥了互联网企业的优势，实现了工作效率的快速提升。

---

① 平台化组织的兴起，预示着组织变革进入新实践轨道．BCG波士顿咨询．微信，2016.

传统企业互联网转型：小而美的自组织

区别于互联网企业，传统企业更多采用垂直控制型管理方式，在组织的开放性、组织结构的有序性以及对外部环境的适应性等方面需要进一步调整。在不确定的时代背景下，传统企业的整体变革会失控，但企业又要适应环境的变化，因此需要将组织变成无数个自组织，其产生的协同效应能量惊人。彭剑锋教授认为，由众多自组织构成的企业有一种自我调节、自我适应以及自我修复能力。从这方面来看，海尔的“小微”、华为的“铁三角”、温氏的经营作战单元等都是面向互联网的自组织转型的探索，为传统企业未来的组织结构调整提供了重要的借鉴。

以海尔为例，公司内部的小微组织享有决策权、分配权和用人权，通过自组织的方式实现价值的共创、共治与共享。因此，人人都是价值创造者，也都享有参与价值分配的权利。在这种分布式的自组织管理模式下，员工个体的积极性得到激发，会更加主动地去创造价值，突破传统直线职能制的束缚，推动组织转型目标的实现。近两年，海尔涌现出雷神、免清洗、小帅影院、有住网等小微组织，它们在短期内在各自的细分市场实现了引爆、引领的自组织绩效目标。海尔借力众多小微组织，实现从传统企业向互联网平台企业的转型，推动了公司网络化战略的有效实施。

总的来看，对于人力资源管理来说，一方面，人力资源管理要参与到适应时代特征的组织设计中来。这种基于互联网时代特征的自组织探索，无论是新兴的互联网“平台＋项目”模式，还是传统企业的自组织化管理，其实都是在实现对传统的主动突破，从而使组织适应外部环境的变化。实质上，这种有序的机制依托于组织对人力资本价值的重新定位以及相应人才战略的调整。由于市场的不确定变化明显，在某种程度上，这一模式有效地保证了人才对市场需要的响应，使人才能够适应组织战略目标的需要，为价值创造提供更好的服务。

另一方面，新的组织形式会进一步影响人力资源管理。由于组织形式的调整变化，人才管理显现出新的特征，组织需要根据新的结构设计和发展目标重新界定人才战略，针对不同来源、不同类型的人才制定相应的策略，更好地挖掘新型组织结构下人才的价值，在努力提高人才积极性的同时，为人才的技能提升与职业发展创造条件。在这种条件下，组织的人力资源管理将发挥更大的作用，无论是在人才吸引、长效激励、培训发展还是在其他方面。人力资源管理的制度设计和变革性管理，对于组织设计的目标实现起到关键作用。因此，敏捷的自组织发展趋势可能会带来人力资源管理的变革性突破。

发挥大数据人力资源管理平台的分析和预测价值

大数据在中国企业的实践可能不到 10 年时间，然而中国大数据的发展却备受西方国家的关注。中国传统的人口红利逐渐减少，13 亿人口基数却给大数据提供了新的红利可能，无论是消费市场、资本市场还是劳动力市场，每年都有大体量的数据产生，这可能会成为中国新的人口红利。从人力资源管理实践来看，中国既有相对落后的人事管理，也有诸如华为、阿里巴巴、海尔之类的企业主动探索实施国际领先的人力资源管理理念，如 HR 三支柱模式、人才合伙制等，人力资源管理的效率、效果有巨大的比较价值。这铸造了中国天然的人力资源管理实验室，为中国大数据人力资源管理弯道超车提供了非常好的发展前景和预期价值。

新的人力资源数据类型提升大数据人力资源分析的价值

大数据人力资源从传统意义上说是基于人力资源成果指标收集数据，根据人力资源招聘、培训、绩效、薪酬和员工关系等模块的指标体系要求对数据进行收集、统计和监测。未来三种数据将打破这一框架。第一种是行为数据：关于员工的行为和行为发生时环境的观察报告；第二种是过程数据：各个信息系统的用户操作日志以及操作轨迹；第三种是心理数据：员工的情绪心情、性格倾向、行为动机等分析观察和测评类数据。

对这些数据用算法建模，可以挖掘事物潜在的关联性，在多种数据技术的探索过程中发现企业、组织、员工未曾意识到的新问题，据此设计人力资源解决方案、产品和服务。大数据人力资源平台还可以帮助企业做好宏观行为层面的战略决策并与公司盈利挂钩，这是传统人力资源基础数据无法实现的，是大数据人力资源分析的关键价值。

更开放、动态调整的大数据人力资源分析和预测指标

传统的人力资源管理指标体系是先构建一级指标体系，再从

一级指标体系中派生出二级指标，用于分析、监测和预警。大数据人力资源是先有数据后有指标，数据收集后，通过机器学习等方法形成分析指标。这样的好处是，机器在最大限度上挖掘了数据之间的关系，总结出很多靠人工意识不到的潜在的指标。分析指标被提取后，哪些指标可以运用到选、育、用、留、出的哪个环节，就将其纳入对应的一级指标中，未来这些指标可以直接用于预测。这个过程与传统的人力资源指标体系构建过程是相反的，是通过对行为、过程、心理数据的不断演算挖掘来更新、发现指标的。由于大数据人力资源指标体系是动态调整的，因此为人力资源管理的不断变革创新提供了更多的可能性。

构建大数据人力资源复合型团队决胜商业人才竞赛

当今多个领域，如科研教学、企业管理、环境保护、工程技术、国土安全、生物医药等，都亟待大数据分析人才实现突破。根据全球著名的信息技术咨询公司IDC的研究，大数据的全球领跑者美国在2018年将有18万个深度分析岗位，是技术管理和数据解读相关技能岗位数量的5倍，大数据分析人才稀缺。大数据人力资源管理对大数据与人力资源复合型人才的要求越来越高，由于涉及计算机技术、数据算法、心理学原理、人力资源、信息管理等多方面的知识、经验、技术，大数据人力资源复合型人才供给与需求存在缺口的现实问题日益凸显。

对于大数据专业人才，大数据人力资源难在找到分析的思路和角度。而对于广大HR从业者，从有大数据人力资源管理的想法、创意到将其落地分析需要跨越一定的技术门槛。这需要企业着重吸纳大数据分析人才，科学地培养、开发 HR 专业人才的量化思维能力，组织高智能的大数据人才和技术专家团队，提升大数据人力资源团队的异质性，实现优势互补，最终促进大数据人力资源平台建设在企业战略执行中生根发芽。

大数据技术应用普及后，每家公司都有成熟的大数据人力资源工具和算法，到那时胜出的关键就在于大数据人力资源复合型团队的水平，只有发挥具有数据经验的专业人才的作用，才有可能在商业人才竞争中获胜。

大数据人力资源的隐私保护

大数据人力资源平台每天都会收集大量的人员行为数据，对这些数据的挖掘可能会涉及员工的隐私。为了防止侵犯员工的隐私，首先，大数据分析过程要将大数据信息去身份化，宜聚合数据，进行整体趋势分析，不宜涉及员工个人信息的分析。其次，将员工隐私协议化，可以事先与员工签订数据隐私协议，避免触碰员工的隐私底线。最后，从数据安全、用户权限、透明度三方面推动隐私合规，在权限范围内将数据红利同员工共享，这样既能减少大数据人力资源引发的员工争议，也可以使公司规避可能出现的法律风险。当然，也有学者提出有一天部分隐私可能不再是隐私，比如监控摄像可能涉及个人隐私，但慢慢大家会接受它，甚至如果公共场合没有监控摄像，大家会感到不安全。

总的来看，大数据时代的到来使得人力资源管理“基于数据、用数据说话”成为可能，人力资源价值计量管理成为提升人力资源管理效能的有效途径。人与组织之间、人与人之间的互联互通积累、集聚的巨量大数据为人力资源管理的程序化决策与非程序化决策提供了无穷的科学依据。人力资源管理可以更定制化、个性化地服务员工，基于数据辅助管理者决策，为组织打赢全球范围的人才攻防战提供动能。

灰度领导力驾驭质变时代的复杂性

“灰度”的本义是指在黑与白之间平滑过渡的一种方式方法。组织在转型发展阶段往往会面临环境的多元化、复杂性以及不确定性。这样的质变时代要求领导者具备包容、妥协、平衡以及总体掌控的能力素质。在人力资源领域，HR 三支柱模式的兴起在组织内部形成三套不同的班子，三个支柱有各自的价值诉求，而在内部客户眼中仅有一个 HR，所以三个支柱的领导者最终要达成共识。这就要求 HR 三支柱的领导者具备灰度领导力，学会使用“变焦镜”法则。如果放在“微距”模式，HR 三支柱的领导者要关注一件事的短期得失，相互放大问题，造成矛盾冲突；而调到“广角”模式，HR 三支柱的领导者要看到客户、看到长远，进行一定的妥协，共担责任，发挥 HR 三支柱的协同作用。

任正非在“灰度领导力，管理者的必备素质”讲话中提到，清晰的方向来自灰度，坚定不移的正确方向来自灰度。灰度领导力包括宽容与妥协，宽容是领导者的成功之道，宽容别人其实就是宽容自己，多一点对别人的宽容，我们的生命中就多一点空间。妥协是实现双赢和多赢的必经之路，不妥协必然两败俱伤。任正非认为，各级领导者只有真正领悟了妥协的艺术，学会了宽容，才能在领导企业、团队时真正达到灰度的境界。任正非这篇充满哲理的文章也说明了华为已经开始向一个以人为本的大型企业靠拢。那么，灰度领导力到底是什么？

纵观成功的大企业和整个工业发展史，都有这么一个过程，从“人治”（黑盒领导）到“法制”（白盒领导）再到“人性化管理”（灰度领导）。彭剑锋教授认为，在新的管理环境下，灰度领导力意味着管理者在驾驭复杂要素时既包容、妥协、平衡又能总体掌控的一种能力素质。“灰度时代”要求企业家重塑使命、承担责任和提升能力，称为“领导力金三角”。第一，“灰度时代”需要重塑中国企业家的使命感和对事业的激情，带领企业跨越现在的陷阱、度过转型期的阵痛，实现转型升级。第二，责任大于能力，责任成就卓越，在这样一个时期，我们呼吁企业家和企业高管勇于承担变革的风险和责任。第三，企业家要履行使命和承担责任，必须有一个基础，这个基础来自他的思维更新与能力重塑。

在“灰度时代”，企业家和企业高管所需要的思维意识和核心能力素质究竟是什么？彭剑锋教授认为是一种“度”，即对方向的判断、分寸的拿捏、火候的控制、时机的把握、节奏的掌控和管理艺术的最佳发挥。这个“度”具体又体现在道德感召、跨界思维、竞合意识、开放包容、真实领导这五个方面。

这五个要素中，既有对企业家和高管应对外部环境和相关关系的要求，更多的是处理企业内部复杂要素的领导和驾驭能力。简而言之，“灰度领导力”要求企业家从自我深刻变革开始，最终带领企业跨越“灰度时代”，从优秀走向卓越。

人才客户化导向凸显人力资本价值

市场竞争环境的变化对人力资源管理提出更高的要求，组织内部人力资本价值凸显，因此，基于人才客户化的导向，关注人才需求、让员工更多参与人力资源产品与服务设计过程，是新的时代条件下人力资源发展的趋势之一。彭剑锋教授在《人力资源新常态的 20 个关键词》中提到，“互联网时代，员工与客户之间的界限模糊了。员工是客户，客户是员工，两者之间角色互换，价值创造无边界，共同为客户创造价值，为企业创造价值，为员工创造价值”。基于此，我们可以看到，人才客户化的过程推动员工为企业创造更大的价值，与此同时，员工也获得了更好的客户体验。

在实践中，人才客户化导向体现在以下两个方面。

第一，基于用户价值导向，企业可以为人才提供更多的机会，使其参与到人力资源价值创造与分配过程，充分感受企业对人才的重视。迈克尔·波特的价值链理论提到，“价值链上的每一项价值活动都会对企业最终能够实现多大的价值造成影响”。在价值创造环节，知识创新者、企业家和员工共同发挥重要作用，其中的主导因素是知识创新者和企业家，也就是真正的人才。因此，企业要重视人才管理，通过合理的薪酬体系设计进行价值分配，同时注重提升员工的价值。

第二，人力资源产品与服务要关注人才需求，向员工提供个性化的 HR 服务。可以看到，腾讯对人力资源产品的探索是很好的案例。我们知道，在互联网行业中，腾讯坚持“一切以用户价值为依归”的经营理念，这一理念对其产品的影响非常显著。这样的产品文化也深刻影响了腾讯的人力资源管理实践。在共享交付中心，产品的设计与开发围绕用户需求展开，企业的内部员工是人力资源产品服务的主要对象，每个产品都需要严格把关，而充分的用户调研是其中必不可少的重要环节，最后，产品是否能够立项还需要专门的产品立项委员会审核评估。共享交付中心的核心价值之一是“服务”，人力资源产品的客户化导向对共享交付中心的价值实现发挥着重要作用。除此之外，由于人才的个性化特征凸显，新一代的员工“更加倾向于合作型企业文化”“希望工作和生活能融合而非平衡”“追求自我价值实现”[①]，越来越多的企业逐渐开始重视内部人才的个性化需求，将人才当作客户，赋予其更大的灵活性。

人力资源跨界新职业的诞生

在强调客户需求和人力资本价值的思维导向下，组织内部 HR 的价值创造依托于人才的跨界组合，新的职业应运而生。HR 三支柱给人力资源管理带来的一个启示是，未来人力资源管理领域会产生三个重要的职业，第一是人力资源总架构师，第二是人力资源产品经理，第三是人力资源大客户经理。

---

① 平台化组织的兴起，预示着组织变革进入新实践轨道．BCG 波士顿咨询．微信，2016.

人力资源总架构师

人力资源总架构师是对人力资源组织模式、技术、HR能力进行整体架构，从而推动人力资源变革、升级和价值创造的高端人才。以组织模式为例，当组织准备进行HR三支柱变革时，需要搞清楚这样几个大问题：人力资源管理的战略价值如何选择？业务价值如何选择？平台价值如何选择？需要有一个人、一个团队能够清晰地回答上述问题，这就是人力资源总架构师及架构团队。

组织对人力资源总架构师胜任素质的要求很高（见图10—1），他要将云、大数据与人工智能、移动化等技术新趋势迁移到人力资源管理中，对组织相关利益者之间的关系有清晰的认知，能够与相关利益者一起设定目标，找到现实与目标的差距，并能驾轻就熟地进行跨部门的资源整合与统筹落实，还能对HR能力

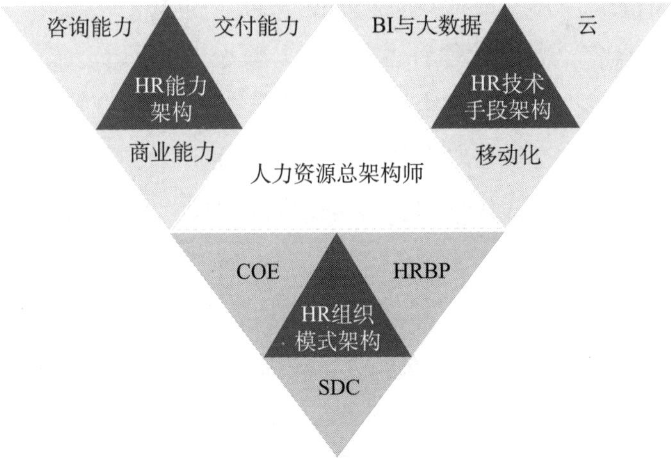

图10—1 人力资源总架构师模型

如交付能力、咨询能力、商业能力等提出踏准时代节拍的新要求。总之，人力资源总架构师要以人力资源组织模式升级为基础，引导技术和 HR 能力升级，技术与 HR 能力的升级反过来可以丰富和升华组织模式的价值。

人力资源产品经理

90 后、95 后崇尚自由，富有情怀，有直截了当的价值观念，也有非同凡响的创新理念，追求自我价值的实现，对个人的职业忠诚。“世界那么大，我想去看看”这样的裸辞现象在企业中频繁上演。作为员工后盾的 HR 想尽办法提升员工的工作体验，由此催生了“员工体验官”之类的职业，如 Airbnb 设立了员工体验全球负责人（Global Head of Employee Experience）和员工体验部，谷歌、亚马逊等公司也开始关注员工体验。

然而员工体验官对 HR 服务的“客户”界定过于宽泛，一般员工是客户，高层管理者也是员工，假设你在 HR 三支柱中的 SDC 工作，与你有项目合作的另外两个支柱 COE 和 HRBP 的同事也是客户，这些客户的需求难道没有区别吗？此外，员工体验官主要以项目形式优化员工日常工作的体验，项目到期就结束，缺乏持续性。

HR 三支柱的 SDC 实践给我们的启示是，要设立“人力资源产品经理”这个岗位。首先，该岗位要求人力资源产品经理面向两类对象：一类是人力资源产品的体验者——用户，包括使用人力资源产品的员工和管理者；另一类是人力资源内部客户，包括 COE，HRBP，SDC 等。这样划分的依据是，企业中这两类人群的需求不同。人力资源产品经理要想满足用户的需求，就要提升产品意识、设计思维，想尽办法打造人力资源精品，为用户创造价值，创造惊喜。要想满足人力资源内部客户的需求，核心是与之达成共识。其次，人力资源产品经理重视将项目式的服务产品化，项目到期就结束，而产品会按周期持续循环、迭代优化。人力资源产品经理将重心从优化日常工作转向打磨人力资源产品，为用户、客户迭代出有价值的人力资源精品。

人力资源大客户经理

人力资源客户经理是面向事业群的人力资源通才，也是我们通常说的 HRBP。HRBP 深入的企业各个区域、各个业务领域、各个分子公司，一定有一些实力强、规模大、内部地位高、管理更规范的区域、事业群或分子公司。这时需要将一些 HRBP 部门升级成人力资源大客户部，设立人力资源大客户经理（Strategic Business Partner，SBP）。人力资源大客户部对 SBP 有更高的要求。人力资源大客户部规模大、管理更规范，需要对 HRBP 的工作进行更细致、更专业的划分。首先，在人力资源大客户部设立职能组，如招聘、组织发展（OD）、员工关系等。这些职能组 SBP 是 HR 某职能的专才，主要职责是对接 COE 制定的战略和政策，属于人力资源大客户部的专家。其次，在人力资源大客户部设置 BP 组 SBP，企业对他们的胜任素质有更高的要求，如：

（1）问题发现能力

在 HRBP 的胜任素质中，问题的分析与解决能力非常重要，而 SBP 更需要有问题发现能力。SBP 不能局限于跟在业务部门后面学习，而要超前洞察业务走向，治病于腠理。SBP 从人才管理的角度，通过对问题前兆灵敏的洞察，帮助组织发现人才结构、团队活力、管理效能等方面的问题，让业务长期处于可持续发展状态。

（2）教练式赋能能力

以往 HRBP 的职能是辅助业务部门进行管理和激励，而管理具有被动性，激励具有滞后性。彼得·德鲁克认为，人力资源作为一种资源，能为企业所用，然而作为“人”，唯有人本身才能自我利用，发挥所长，这是人力资源与其他资源最本质的区别。对于组织中的人才，应通过赋能的方式，激发人才的主动性、自驱力。大客户部规模大，增长速度和业务形态变化快，技术更新速度快，HRBP 部门一味通过扩大规模、弥补业务短板来支撑业务发展、辅助业务管理，会产生一些管理问题，不是可持续的思路。而 SBP 通过对业务负责人的教练式赋能，可以让业务负责人掌握人力资源管理技能，提升其人才管理、带队伍的能力和水平。

（3）资源整合能力

SBP 需要面对更大的管理幅度，以及跨部门、团队的协同，设立 SBP 可以在业务部门内部提高 HRBP 的地位和影响力。HRBP 在推动方案时，能够与跨部门、跨团队的相关利益各方更平等地衔接、配合，并推动方案落地。

最后，在人力资源大客户部导入由 SDC 提供的 BP 助理，集中处理 SBP 在大客户服务中的共性、事务性工作，让 SBP 从事务性工作中解脱出来，为业务创造更大价值。人力资源大客户部的三个角色是人力资源管理的跨界组合，形成新的 SBP 团队，在此基础上产生价值创造的综合能力。

人力资源管理的职能在不断延展拓宽，由此催生了新的职业。未来，人力资源管理职位还有 HR 大数据分析师与前线战略机动部队，这两个职位要协同发挥作用。战略机动部队了解一线需求、提出决策、寻求资源，HR 大数据分析师在平台提供分析与决策支持，二者可以很好地发挥大数据加平台的作用。

腾讯集团高级管理顾问杨国安、李晓红指出，未来的人力资源管理领域会出现人才星探这类职位，通过绘制战略性人才地图，HR 要了解业务最前沿的顶尖专家、学者在全世界的分布，并为业务部门提供人才情报，甚至建议业务部门将研发中心设立在该领域、该产业人才最集中的地区，以发挥人才的集聚效应。

近一段时间，人工智能频繁曝出“猛料”，先是阿尔法 GO 战胜围棋大师李世石，再有叫 Watson 的人工智能机器花十几分钟读完 2 000 万页医疗文献，医治了医生都束手无策的病情。阿里巴巴集团执行副总裁曾鸣认为：未来大量基础性、可重复的脑力劳动，甚至较为复杂的分析任务都会被人工智能取代。我们不禁遐想，未来服务广大员工的 HR 可能就是人工智能机器人了。

人才价值共创共享

在共生共享时代背景下，组织追求相关利益者的价值平衡，实现风险共担、利益共享。当人力资本优势凸显、人才价值受到重视时，组织不再是简单的利益共同体，而是价值创造共享体，实现超值人才共享。在一个产业生态中，组织提供一个平台，人才可以自主经营，围绕客户创造价值，并参与价值分享过程。在利益的这张“饼”上，大家不再是零和博弈的关系，而是共创共享的关系。

人才价值共创

管理学家普拉哈拉德（C. K. Prahalad）和拉马斯瓦米（Venkat Ramaswamy）曾预言，企业未来的竞争将依赖一种新的价值创造方法：以个体为中心，由消费者与企业共创价值。今天，这一概念已经成为潮流，秉承这一理念的公司得到快速发展，例如，小米的理念共创、亚马逊的共同推荐模式等。

价值共创是未来企业转型升级的必由之路，企业跨界颠覆就是从低阶段价值共创向高阶段价值共创的迈进。在互联网思维的影响下，传统的商业模式被服务型商业模式所取代，企业由单纯的产品制造者变为综合服务的提供商，消费者由产品用户升级为企业重要的价值共创者。价值共创的核心思想是消费者和企业共同创造价值，它是一种“以客户为中心”的企业战略，是一种致力于改善企业与客户之间传统关系的新型管理理念。

在企业内部实现人才价值共创，必须充分调动每个人的积极性。使企业内部的每个人实现价值最大化，最终才能实现企业价值最大化，而在企业价值最大化的同时也要实现员工利益最大化。成功的企业有一个共同的特点，就是与员工共同创造、共同分享。例如，华为的任正非仅仅占有不到2%的股份，员工持股达到90%以上，这种分享机制推动了企业员工的价值共创。

人才价值共享

做到人才价值共享需要确立人才管理的四大思维。

第一，人才知识与智慧资源的共享思维。要把个人知识公司化，通过共享的知识信息平台，使得每个员工借助公司共享的知识信息平台放大人才的效能，这也称为人力资源管理提高组织人才智慧共享的能力。

第二，人才供应链战略思维。供给侧改革的核心就是提高品质和效率，高品质和高效率背后是高品质的人才。作为一个企业，如何打造高效优质的供应链将成为人力资源管理的首要任务，转型过程中的最大问题就是人才供给不足。打造高效的人才供应链，首先需要创新人才的供应思维，确立全球人才供应思维。随着组织越来越跨界，产业越来越跨界，人才也需要跨界，没有跨界的人才，企业很难支撑跨界的产业生态。随着互联网时代的到来，把粉丝作为人力资本供应重要的组成部分，让客户参与产品设计以及品牌推广，对重要的粉丝人力资本进行有效的管理，这是人才使用权供应思维。

第三，分享经济思维。“分享经济”的最早提出者是麻省理工学院（MIT）的经济学家威茨曼，他在《分享经济：用分享制代替工资制》一书中着力于谈分配机制，是在宏观层面上讲分配和激励，是讲人力资源管理的问题。他认为，越来越多的企业采取分享制而不是工资制的分配激励机制，是解决资本主义滞胀的一剂良方，而且会实现充分就业，这是非常伟大的论断。

提出“分享的资本主义”（Shared Capitalism）概念的哈佛大

学经济系教授理查德·弗里曼在 2016 年对世界 500 强企业的前 100 强做了研究。他提出一个指数，把所谓的股权计划、收益分享、递延分享、期权等要素打包，统称为分享的资本主义指数。结论证明，当这些标杆企业采取分享制之后，它们会更加优秀，不仅能够有效提高资产回报率，还能够降低员工流失率、提高组织效能。一些实证证据也证明了合伙和分享对于组织与人的共同有效性。

第四，人才合伙与聚合思维。随着人力资本在企业价值创造中的地位越来越高，如何承认人力资本在企业经营管理中的智慧，必须解答两个问题：一是人力资本如何参与企业利润分享；二是如何让人力资本在企业经营管理过程中拥有话语权。中国目前的职业经理人制度并不完善，到事业合伙人制度跨度太大。就人才合伙制来讲，它适应战略生态化、组织有机化、价值共享化的大趋势，未来将走向人才合伙制（将在下面的趋势中详细介绍）。现在很多企业通过分层分类的合伙制度使所有员工都可以参与到整个企业的价值共创、共担、共享的机制中，大家形成命运共同体，为了共同的目标聚在一起，从要我干，到我要干，再到我们一起干，我们像老板一样干。通过合伙制聚合人才，形成人才的产业生态，利用生态型组织构建人才新的产业生态。

开放的人力资本生态共享

随着共享经济理念的出现，人力资源行业标准化、规范化程度越来越高，推动了人力资本的生态共享，具体包括人力资源从业者与多个企业的共享、企业与企业的共享。

人力资本生态共享一方面是指企业与人力资源从业者的开放关系。在共享经济的大潮中，一个 APP 可以驱动一个职业的劳动力市场，如“滴滴”APP 上的司机、“猪八戒网”上的设计师、“分答”APP 上的专家，这些让人与组织的关系发生彻底的变革——组织发展依附于人才，而人才发展不再依附于组织。随着人力资源行业管理更加专业化，并且未来人和企业的能力、信誉进一步透明化，人力资源从业者联结在一个圈子之中，HR 从业者不一定仅戴一家企业的“工卡”，还有可能在一年之中为不同企业，甚至同一段时间为多家企业创造价值，在多家企业中自由切换“工卡”。由于从业者的能力和信誉几乎是放在虚拟橱窗里展示的，从业者的资历、水平是由社会评价的，因此企业能更快地以较低的搜寻成本在从业者的圈子中寻找 HR，实现人力资源从业者与企业的生态大共享。

人力资本生态共享另一方面是指企业与企业之间的开放关系，注重大共享，强调与外部合作伙伴建立共赢关系，逐步实现企业内部人力资源产品与服务的外部市场化运作，在技术的支持下开放共享。以腾讯 SDC 为例，SDC 将腾讯的互联网创新与自身的共享交付中心产品化实践相结合，推出了面向企业外部合作伙伴的“SDC 云产品”，包括云评估、云寻访等功能，现已应用到腾讯投资的多家公司。

腾讯战略投资的一些公司，其人力资源部就导入了“SDC 云产品”。以云评估产品为例，这是一套成熟的 360 度领导力评估体系，腾讯投资的公司的 HR 从系统中选择模板，导入本企业的领导力模型或管理者胜任素质模型，以及企业文化、绩效目标等，并构建问卷。HR 对某一评估周期发起操作后，产品会自动跟踪评估，回收问卷，得出结果，形成含有各角色综合对比分析的个人综合报告。对于接入产品的企业，“SDC 云产品”按需收费，大大节约了企业构建整套评估系统的成本，具有很高的性价比。对于 SDC 来说，整个市场对按需收费的云产品需求广泛，形成“长尾”之势，SDC 的利润仍旧可观。

开放的人力资本生态共享意味着，无论是组织与人还是组织与组织，都将实现连接，推动人力资源服务更加容易获取、更加灵活。未来组织内外将涌现大量的跨界合作，不同主体之间的界限日益模糊，最终实现价值的共同创造。

人力资本合伙制驱动价值创造

合伙是最古老的组织智慧，也是最显著的未来趋势。互联网时代，人与组织的关系发生变化，人力资本的价值凸显，组织内部人力资本与货币资本逐渐过渡到平等的关系，企业越来越尊重人力资本的价值分享权和决策话语权，因此，由雇佣人才过渡到人才合作，企业通过邀请人才入伙、邀请人才一起创业，实现共创共享共赢，人力资本合伙制将成为未来人力资源演变的重要趋势之一。

当前在社会或企业实践中，很多人对合伙制的理解就是搞股权激励等分享性、权益性的激励机制，这是对合伙制非常狭义的理解。这些激励机制在新合伙管理体系中只是一个构成要素，绝不是所谓的合伙化管理的全部。如果没有战略生态化的布局、组织有机化的设计，如果忽视了合伙人梯队的建设，直接进行股权激励，往往会带来严重的“后遗症”。

人力资本合伙制企业的典型特征是高度专业化、人力资本和知识资本高度密集。作为合伙人，大家共同创造，更重要的是风险和责任共担，最后才是分享剩余红利。在共创和共担上，真正的合伙人首先是做事，承担风险，有了剩余价值后才会共享。在共享上，合伙人是最大的劣后，甚至比股东还劣后。

传统的经济是“市场—资本—雇人—满足市场需求”，而合伙制的特点是人力资本驱动资本，即合伙人—业务—资本，合伙人利用人力资本获得业务，人力资本是价值创造的首要驱动因素，人力资本的所有权大于业务经营权和企业所有权。合伙制企业还有一个特点，即人力资本的收益特别高，其当期回报、长期回报以及分享比例都非常高。合伙制企业在组织与管理上是高授权、扁平化和超级自主化的，由于每一个合伙人都很强，有个性，能灵活自主地驱动业务，所以，要靠很强的文化纽带来实现彼此的联结。当每一个体充满活性之后，文化纽带就比利益纽带更加重要。

在企业经营实践中，我们可以看到，以华为、阿里巴巴、万科、美的、海尔等企业为代表的一系列标杆企业近年来在以不同的形式、不同的名称、不同的深度开展具有合伙化特征的变革与管理创新。如华为的“力出一孔，利出一孔”；阿里巴巴的“同股不同权，控制治理人事权”；万科的“事业合伙人制度”；海尔实践了十余年的自主经营体、利共体到小微创客的深度持续变革；新希望以创新孵化、内部创投为特点的合伙制等。尽管这些标杆企业以不同称谓、不同方式和不同程度对新合伙人机制进行探索，但它们具有一些共性：

第一，以合伙制的核心理念为主轴，既要共创，更要共担，然后才是共享。这“三共”一个都不能少，而且顺序不能乱。传统职业经理人可以共创和共享，但是不共担；合伙人一定是三共合一，且共创和共担是优先，共享是劣后。这是任何一个合伙制企业贯穿始终的核心理念。

第二，合伙化管理不仅搞股权类、分享性激励，而且涉及企业战略、文化、业务与商业模式、组织形态、工作方式以及产业联动等全方位的配套系统建构，甚至包括产业链设计的完整系统。

第三，在导向上强化更大的自主驱动、更大的权责下沉、更大程度的员工参与、更有机化和敏捷的组织、更广泛的网络联结及产业生态、更强的文化纽带以及更长期的事业承诺等。也就是说，在生态化的战略下，组织变得越来越灵活和有机，人才与组织不再是雇佣关系，而是合伙关系，这样创造的价值才能实现共享。

参考文献

ADLER P S. Making the HR Outsourcing Decision. MIT Sloan Management Review，2007，45（1）：53-60.

BECKER B E，HUSELID M A. Strategic Human Resources Management：Where Do We Go from Here? Journal of Management，2006，32（6）：898-925.

BOWEN D E，GALANG C，PILLAI R. The role of human resource management：An exploratory study of cross-country variance. Human Resource Management，2002，41（1）：103-122.

BYRUM J，BINGHAM A. Improving analytics capabilities through crowdsourcing. MIT Sloan Management Review，2016，57：43-48.

CALDWELL R. Champions，adapters，consultants and synergists：The new change agents in HRM. Human Resource Management Journal，2001，11（3）：39-52.

CALDWELL R. HR business partner competency models：Re-contextualising effectiveness. Human Resource Management，2009，18（3）：275-294.

CAPPELLI P. Why We Love to Hate HR and What HR Can Do About It. Harvard Business Review，2015，（7）：54-61.

CHARAN R，BARTON D，CAREY D. People Before Strategy：A New Role for the CHRO. Harvard Business Review，2015，7：62-71.

CHARAN R. It's time to split HR. Harvard Business Review，2014，7：33-34.

COOKE F L. Modeling an HR shared services center：Experience of an MNC in the United Kingdom. Human Resource Management，2006，45（2）：

211-227.

FARNDALE E, PAAUWE J, HOEKSEMA L. In-sourcing HR: Shared service centres in the Netherlands. The International Journal of Human Resource Management, 2009, 20 (3): 544-561.

GRANOVETTER M. The Strength of Weak Ties. American Journal of Sociology, 1973, 78 (6): 1360-1380.

GREER C R, YOUNGBLOOD S A, GRAY D A. Human Resource Management Outsourcing: The Make or Buy Decision. Academy of Management Executive, 1999, 13 (3): 85-96.

HAMMONDS K H. Why we hate HR. Fast Company, 2005, 97 (8) .

HORAN P, VERNON P. Expanding HR's Global Potential: Shared Service Centers in Multi-Country Regions. Compensation & Benefits Review, 2003, 35 (5): 45-53.

KRAAIJENBRINK J, SPENDER J C, GROEN A J. The Resource-Based View: A Review and Assessment of Its Critiques. Journal of Management, 2010, 36 (1): 349-372.

LENGNICKHALL M L, MORITZ S. The impact of e-HR on the human resource management function. Journal of Labor Research, 2003, 24 (3): 365-379.

LO K, MACKY K, PIO E. The HR competency requirements for strategic and functional HR practitioners. The International Journal of Human Resource Management, 2015, 26 (18): 1-21.

MAATMAN M, BONDAROUK T, LOOISE J K. Conceptualising the capabilities and value creation of HRM shared service models. Human Resource Management Review, 2010, 20 (4): 327-339.

MCCRACKEN M, HEATON N. From "tucked away" to "joined at the hip": Understanding evolving relationships within the HRBP model in a regional energy company. Human Resource Management Journal, 2012, 22 (2): 182-198.

MCCLELLAND D. Testing for Competence Rather Than for "Intelligence". American Psychologist, 1973, 28 (1): 1-14.

MCCRACKEN M, McIvor, R. Transforming the HR function through outsourced shared services: Insights from the public sector. The International Journal of Human Resource Management, 2013, 24 (8): 1685-1707.

O'REILLY C A, TUSHMAN M L. Organizational Ambidexterity: Past, Present, and Future. Academy of Management Perspectives, 2013, 27 (4): 324-338.

REDMAN T, SNAPE E, WASS J, HAMILTON P. Evaluating the human resource shared services model: Evidence from the NHS. The International Journal of Human Resource Management, 2007, 18 (8): 1486-1506.

SCHULER R S. Strategic human resources management: Linking the people with the strategic needs of the business. Organizational Dynamics, 1992, 21 (1): 18-32.

SIRKIN H L, KEENAN P, JACKSON A. The hard side of change management. Engineering Management Review IEEE, 2014, 42 (4): 132.

STEWART T. Human resources bites back. Fortune, 1996, 133 (9): 175-176.

ULRICH D. A new mandate for human resources. Harvard Business Review, 1998, 1: 124-134.

ULRICH D. Do Not Split HR—At Least Not Ram Charan's Way, Harvard Business Review, 2014, 8. https: //hbr. org/2014/07/do-not-split-hr-at-least-not-ram-charans-way.

ULRICH D, ALLEN J, BROCKBANK W, YOUNGER J, NYMAN M. HR Transformation: Building Human Resources From the Outside. Columbus，Ohio：McGraw-Hill，2009.

ULRICH D，BEATTY D. From Partners to Players：Extending the HR Playing Field. Human Resource Management，2001，40（4）：293-307.

WRIGHT C. Reinventing human resource management：Business partners，internal consultants and the limits to professionalization. Human Relations，2008，61（8）：1063-1086.

WRIGHT P M，DUNFORD B B，SHELL S A. Human resources and the resource based view of the firm. Journal of Management，2001，27（6）：701-721.

XIAO Z，TSUI A S. When Brokers May Not Work：The Cultural Contingency of Social Capital in Chinese High-tech Firms. Administrative Science Quarterly，2007，52（1）：1-31.

鲍春梅，邓康明．阿里巴巴的政委体系及其他．管理@人，2010（11）：43-47.

布赖恩·伯杰伦．共享服务精要．北京：中国人民大学出版社，2004.

达娜·盖恩斯·罗宾逊，詹姆斯·C. 罗宾逊．人力资源成为战略性业务伙伴．北京：机械工业出版社，2011.

戴维·尤里奇．高绩效的 HR：未来 HR 的六项修炼．北京：中国电力出版社，2014.

戴维·尤里奇．人力资源转型：为组织创造价值和达成成果．北京：电子工业出版社，2015.

邓中华，闫敏．中国管理研究的关键时刻——专访徐淑英教授．管理学家：实践版，2011（11）：32-42.

刁婧文，张正堂．企业构建人力资源共享服务中心的关键要素——COST 模型．中国人力资源开发，2016（12）：26-33.

冯芷艳，郭迅华，曾大军，等．大数据背景下商务管理研究若干前沿课题．管理科学学报，2013，16（1）：1-9.

高远．企业建立财务共享中心策略研究——以百度公司为例．北京：中国人民大学，2014.

葛明磊．项目 HRBP 后备人才培养的探索性研究——以华为公司为例．中国人力资源开发，2015（18）：11-19.

何筠，王萌．基于互联网招聘的 HRBP 岗位职责和胜任力研究．企业经济，2016（8）：117-121.

金忆．MG 公司基于战略的人力资源共享服务中心研究．上海：上海交通大学，2008.

焦晶．阿里巴巴的“大政委”．中外管理，2007（9）：87-88.

康至军．HR 转型突破．北京：机械工业出版社，2013.

斯图尔特·克雷纳．管理百年．北京：中国人民大学出版社，2013.

李海燕．你具备 HRBP 的“胜任力”吗？．中外管理，2015（11）：84-86.

刘梦．企业在中国构建人力资源共享服务中心主要障碍的研究．北京：中国人民大学，2014.

刘善仕，周子琛，肖祥伟．基于微创新能力下的人力资源实践研究——以腾讯为例．中国人力资源开发，2015（12）：77-82.

刘松博，龙静．组织理论与设计．2 版．北京：中国人民大学出版社，2009.

刘松博，裴珊珊，梁爽．我国 HRBP 胜任力研究．中国人力资源开发，2016（6）：34-39.

吕力．管理学研究的“精一”“双融”和“经世致用”：对陈明哲的访谈．管理学报，2016，13（1）：1-6.

马海刚．移动互联网时代腾讯 HR SDC 的新生态．中国人力资源开发，2015（18）：6-10.

马化腾．分享经济：供给侧改革的新经济方案．北京：中信出版集团，2016.

孟小峰，慈祥．大数据管理：概念、技术与挑战．计算机研究与发展，2013，50（1）：146-169.

穆胜．人力资源管理的“云范式”革命．中国人力资源开发，2013（15）：6-13.

潘东燕，王晓明．腾讯方法．北京：机械工业出版社，2014.

彭剑锋．互联网时代的人力资源管理新思维．中国人力资源开发，2014（16）：41-48.

彭剑锋，等．“＋时代管理”人的一场革命．北京：中国计划出版社，2015.

彭剑锋，等．黑天鹅在咖啡杯中飞起．北京：中国计划出版社，2016.

彭剑锋，云鹏．海尔能否重生：人与组织关系的颠覆与重构．杭州：浙江大学出版社，2015.

彭蕾．主题演讲之：阿里巴巴点滴．管理@人，2009（Z1）：44-45.

石美玲．C公司人力资源共享服务中心构建研究．上海：上海交通大学，2011.

索娜．人力资源共享服务中心的原理及应用——以K公司为例．北京：中国人民大学，2008.

田涛，吴春波．下一个倒下的会不会是华为．北京：中信出版社，2015.

王发波．人力资源共享服务文献综述．北京：中国人民大学，2008.

王通讯．大数据人力资源管理．北京：中国人事出版社，2016.

西楠，李雨明，彭剑锋，等．从信息化人力资源管理到大数据人力资源管理的演进——以腾讯为例．中国人力资源开发，2017（5）：52-61.

小托马斯·沃森．一个企业的信念．北京：中信出版社，2003.

邢帆．阿里巴巴的“用人之道”．中国信息化，2012（1）：44-45.

徐斌，西楠．高效能视角下的企业领导梯队现状及其建设——以F企业为例．中国人力资源开发，2015（8）：23-31.

徐斌，西楠，胡晖．NLP原理与教练式领导力．北京：人民邮电出版社，2015.

徐升华．解密HRBP发展与体系构建．北京：企业管理出版社，2015.

徐淑英，吕力．中国本土管理研究的理论与实践问题：对徐淑英的访谈．管理学报，2015，12（3）：313-321.

金忆．MG公司基于战略的人力资源共享服务中心研究．上海：上海交通大学，2008.

杨国安，李晓红．变革的基因：移动互联时代的组织能力创新．北京：中信出版社，2016.

叶剑波．分享经济时代人力资源管理的挑战．中国人力资源开发，2015（23）：6-9.

詹尉．物我两用人心皆得——阿里巴巴用人的“道”与“术”．人力资源管理，2011（12）：86.

张海滨．外包模式中的企业人力资源共享问题研究——关于构建HRSSC的探讨．北京：中国人民大学，2013.

张欣瑞，范正芳，陶晓波．大数据在人力资源管理中的应用空间与挑战——基于谷歌与腾讯的对比分析．中国人力资源开发，2015（22）：52-57.

赵庆杰．战略性人力资源管理“三支柱”模型在CTSI公司的应用研究．北京：中国人民大学，2014.

后 记

本书从思考到创作历经两年时间，直到最后完稿，我还是认为书中的很多观点和实践并不完善和成熟，在这期间，朋友的鼓励给了我勇气，把它们总结出来作为对 HR 三支柱知识和实践的沉淀。如果这本书能给读者一些借鉴和启发，并能让 HR 三支柱这个舶来品在中国开出更精彩的花，这是我们所兴奋的；如果读者在书中找到很多可以批判指责的问题或漏洞，这更是我们所期望的，因为这样的论辩更能激发人力资源管理在实践中的真正价值。

本书花较大篇幅所描述的人力资源交付的理念以及产品思维，来自华为和腾讯这两家非常优秀的企业对我的熏陶和培养，在感恩的同时也让我忐忑于才疏学浅，无法用文字描绘出它们真正强大的基因。幸运的是，在写作过程中，朋友们给予我无私帮助，包括我的领导奚丹以及一群亲密无间的同事：韩旭婷、秦旭海、张显、盛颖、孙洪凤、邬沛君、白静、张东超等。本书在介绍腾讯的人力资源实践时借鉴了马永武、方慧玲、陆文卓、王安、李晓红等同事公开演讲的材料，实在无法一一列举，只能对所有腾讯人力资源管理部门的同事战友们表示真挚的感谢，感恩与大家一起成长。

当然不得不提的还有业界的朋友们：曹沛、郑育群、邵沈冰、杨小龙、郝鹏、王坚、陈思涵、王梦怡、欧阳明等，感谢你们从各自擅长的领域向我们介绍和展现自己对国内外 HR 三支柱转型升级和实践创新的观察和体会。读者在阅读本书中的观点、案例时如产生了共鸣，那要归功于这些热爱分享的人力资源资深从业者。

书稿的写作亦是团队智慧的结晶，除作者以外，来自中国人民大学劳动人事学院的颜绿苑、张子龙、陈晓纯、和美全程参与了本书的调查研究工作，在梳理中外文资料、提炼案例、推敲观点、创作书稿的过程中，投入了大量的时间和精力，贡献了很多创造性的想法。同时还要特别感谢来自管理实践界、学术界的朋友，他们为初稿提供了睿智的修改建议。吴恩杰、李彩虹、王蕊、李清海对初稿进行了耐心细致的审读，并结合多年的企业管理实践经验对书中没有考虑周全的问题进行了指正。华夏基石的尚艳玲、宋劲松、荆晓娟、邢雷、张小峰老师对 HR 三支柱的困境、改进和人力资源新趋势部分进行了观点上的推敲。首都经济贸易大学劳动经济学院的徐斌教授对 HR 三支柱的模型图进行了多次指导，并提出很有创意的观点。王通讯教授，苗任涛老师，中国人民大学的云鹏、葛明磊、金贤洙、徐升华、苏伟琳、邢璐、习怡衡博士，李雨明、曹毅、滕雪莉等也为书稿创作提供了资料和建议。

本书的写作是站在巨人的肩膀上，参考了大量国内外期刊和著作、网络图片、微信公众号文章，我们在参考文献和文中注明了资料来源，但仍有一些资料来源疏于标明，在此向这些创作者表示深深的敬意和由衷的感谢。我们相信，在各类企业的 HR 从业者、HR 第三方服务机构、人力资源领域的专家学者以及当下真正认清人力资源管理价值的企业家之间形成共创共享、共同繁荣的生态，一定能推动中国人力资源专业能力的建设，也一定能在推动企业的中国特色管理升级中让人力资源管理发挥应有的价值。

图书在版编目（CIP）数据

HR+三支柱/马海刚，彭剑锋，西楠著 .—北京：中国人民大学出版社，2017. 6

ISBN 978-7-300-24395-5

Ⅰ. ①H… Ⅱ. ①马… ②彭…③西… Ⅲ. ①企业管理—人力资源管理—研究—中国 Ⅳ. ①F279. 23

中国版本图书馆 CIP 数据核字（2017）第 091031 号

HR+三支柱——人力资源管理转型升级与实践创新

马海刚　彭剑锋　西　楠　著

HR+Sanzhizhu：Renli Ziyuan Guanli Zhuanxing Shengji yu Shijian Chuangxin

出版发行	中国人民大学出版社				
社　　址	北京中关村大街 31 号	**邮政编码**	100080		
电　　话	010－62511242（总编室）	010－62511770（质管部）			
	010－82501766（邮购部）	010－62514148（门市部）			
	010－62515195（发行公司）	010－62515275（盗版举报）			
网　　址	http://www.crup.com.cn				
经　　销	新华书店				
印　　刷	北京联兴盛业印刷股份有限公司				
规　　格	148mm×210mm　32 开本	**版　　次**	2017 年 6 月第 1 版		
印　　张	9. 375 插页 2	**印　　次**	2023 年 10 月第 24 次印刷		
字　　数	196 000	**定　　价**	49. 00 元		